行ってはいけない

編著 西谷 文和

大阪危険万博

せせらぎ出版

はじめに

「えーやん、たまに落ちたって（笑）」

25年1月3日の朝日放送「辛坊治郎の万博ラジオ」。吉村洋文知事を生出演させ2人で「万博トーク」をするのだが、一向に盛り上がらない万博に焦ったのか、辛坊は「今からでも『空飛ぶクルマ』を復活させよ。安全性がどうのこうの言うな。覚悟決めて乗ってもらったらええ」とのたまった。そして冒頭の「えーやん、たまに落ちたって」を、笑いながら言ったのだ、公共の電波を使って。「それやったら、まずお前が乗れ！」ラジオに向かって叫んだのは私だけではないだろう。

ちなみに「空飛ぶクルマ」は万博の目玉として吉村が盛んに宣伝していた。23年8月6日、吉村は広島で平和記念式典が開かれているその日に関西コレクションにモデルとして出演。そこで「万博では『空飛ぶクルマ』が自転車のようにぐるぐる回っていますよ」とウソをついていた。単なるヘリコプターである「空飛ぶクルマ」は安全性が担保されずに、万博では商業運転されないのだ。当たり前だ、もし落ちたら乗っている人も、下を歩いている人も死亡する。吉村がクルマと呼んでいる「ヘリコプターのようなもの」が実用化されるのは、まだまだ先。

このように大阪万博側にいるのは、人命軽視、無責任、権力にすり寄る太鼓持ちのような人物ばかりだ。生出演した吉村のコメントも酷い。「大屋根リングを見るだけ、上るだけでも来た値打ちがある」「これから入場チケットは間違いなく売れていく。大丈夫」「（ＵＳＪやディズニーランドと比べて）万博は安い、安すぎる」

アホである。25年1月時点で売れたチケットは７６１万枚。目標である２３００万枚の半分以下、それも大半の７００万枚は企業に押し売りした分なので、一般では数十万枚しか売れていない。この点は２人も気になっている様で「ネットでは買いにくい。特にお年寄りはスマホが苦手、私は紙のチケットを買えるようにねじ込んだ」と吉村。この「紙チケット」は約20億円の手数料をかけてコンビニなどで買えるようになったのだが、売れたのは25年1月時点でわずか5千枚。１枚あたり約40万円の手数料！「そんなん、ねじ込むな！」。ラジオに向かって叫んだのは私だけではないだろう。

２人は「万博で世界の料理が買い食いできます」とも。メタンガスが噴き出す万博会場では原則火気厳禁。「お前らだけ、生肉、生魚食べとけ！」。ラジオに向かって…。正月早々、血圧が上がる上がる（苦笑）。

こんなアホ話を公共の電波で放送する朝日放送も同罪だ。一向に盛り上がらない万博に業を煮やした政府と大阪府市は、機運醸成費（ＰＲ費）を29億円増額し、69億円にすると発表した。これでまた税金を使ってミャクミャクがあちこちに貼られていくのだが、大手メディアにとってもおいしい話。24年末には朝日新聞が全面カラー広告「ミャクミャクすごろく」を見開きで掲載した。この広告だけでウン千万円もするだろうし、税金なので値引きも取りっぱぐれもない。

ちなみに2人は「リングに上って見る夕日がきれい」「一周2キロのリングでマラソン大会をやったらいい」と大屋根リングをしきりに宣伝していた。裏を返せば「パビリオンに魅力がない」ということ。万博の華と呼ばれる諸外国が建てるタイプAは次々と撤退、あるいはプレハブのタイプB、C、Xに引っ越しする始末。空き地が増えるので、そこに「世界最長の回転寿司」を置くという。やっぱりアホや。1周135メートルの回転寿司、一周回ったら「カッパ巻カピカピ」(笑)。こんな万博に誰が行く？

だからチケットが売れない。今後はもっと売れなくなるだろう。なぜか？　押し売りされた企業が顧客にプレゼントする。心斎橋の大丸は抽選の賞品にしている。おそらくチケットをもらった人は街の金券ショップで換金する。開幕直前の4月には「万博前売りチケット6千円が6百円！」(笑)という看板が出ると予想する。あまりにもアホらしい大阪万博だが、笑ってばかりもいられない。赤字のツケは6ヶ月後に税金でむしり取られていくのだ。こんなアホ祭りは即刻中止しかない。

「でもここまで来たんやから、開催せなしゃーないやん」。よくそう尋ねられる。いや、解体費用も税金なので「作れば作るほど金がかかる」。すぐに工事をやめたらその分だけ傷が浅い。日陰のない会場で暑い夏の開催、集団熱中症でバタバタ倒れるかもしれないし、メタンガスの爆発があるかもしれない、そして雷はリングに落ちる。何より豪雨や地震が来たら帰れない。だから本書の題名を「行ってはいけない、大阪危険万博」とした。しかし私が本当に言いたいのは「維新が好きで、危険を承知で行きたかったら、行きなはれ」

本著で強調したいのは「子どもを遠足や修学旅行で連れて行ってはいけない。行きたくない人まで巻き込むな」である。行く自由は保証するが、行かない自由もある。本当は「行かせてはいけない」なのだが、過去に「買ってはいけない」「知ってはいけない」などの著作が出ていたので、この題名にした。ぜひ最後までお読みいただき、この本を拡散してもらいたい。アホ祭の中止、閉幕後に予定されているアホ博打場の中止、そして何より税金は今困っている人へ、つまり能登を見殺しにするな、万博やめて復興を。この運動を広める一助にしていただければ幸いである。

２０２５年１月

西谷文和

※このはじめにを含め、本文中敬称略

目次

PART・2　大阪・関西万博の〝経済効果〟なるもの

おわりに

第1部

再検証――
万博の危険、まやかし、ムダ

PART. 1

行ってはいけない10の危険

警鐘

ジャーナリスト
西谷 文和

まず、どんな危険があるかをリストアップしよう。
次のとおりだ。
いずれも絵空事ではなく、リアルにあり得る。
大人ももちろんだが、子どもたちを絶対に「行かせてはいけない」

その1　熱中症
その2　ヒアリなど
その3　落雷
その4　メタンガスなど
その5　帰宅困難、下手すれば野宿？
その6　健康データを盗まれる
その7　台風と線状降水帯
その8　地震と津波
その9　イスラエル館
その10　カジノ建設への道

行ってはいけない　その1　熱中症

急速に進む地球温暖化。アメリカやオーストラリアでは山火事、アジア、ヨーロッパでは豪雨による水没。大災害が頻発している昨今、トランプ大統領が「グリーンランドをよこせ！」とデンマークに迫っている。あれは北極海の氷が溶けて、アジアと欧米を結ぶ最短航路が開けていくからである。24年9月、アメリカＣＮＮは「世界平均気温は観測史上、最高を記録した」と発表。23年も歴代最高だったので2年連続の記録更新。おそらく25年の夏も記録を塗り替え3年連続となるのはほぼ確実だ。

そんな中でも大阪の夏は特に暑い。緑が少なく、ビルが立ち並ぶ街に「ヒートアイランド現象」が起きるので、沖縄の那覇市よりも暑い夏になる。大阪万博は4月から10月の開催で、開催期間中は「ほぼ夏」だ。10月から翌年3月、冬のシーズンに開催したドバイに比べても、「時代の流れを読まないアホ祭り」である。

「この時期の東京は温暖です」。オリンピック招致の際、猪瀬直樹知事（当時）が演説してひんしゅくを買っていたが、今やこの猪瀬も維新。先を読めないアホ政治家によるアホ祭りのため、人命が危険にさらされる。

「全日本病院協会みんなの医療ガイド」によれば、熱中症は体温が急に上昇し、水分・塩分のバランスが崩れたり、体温調整ができなくなったりして、めまいやケイレン、頭痛などに襲われた状態をいう。「意識を失ったり、呼びかけに対する反応がおかしかったりする場合はすぐに救急車を呼びましょう」。ガイドはわざわざこの部分を赤字にして安全を呼びかけている。

しかし、万博には救急車は来ないのだ。夢洲へのアクセスは橋とトンネルだけ。予定どおりなら1日平均15万人の来場者。渋滞を起こしているので救急車が来たときにはおそらく手遅れ。では会場内の救護施設に運ぼう。救護施設は8か所あるが医師が常駐しているのは3か所だけ。ベッド数は？　万博協会に尋ねても答えない。まだ未定なのだろう。熱中症は集団で罹患する。すぐに点滴を打つ必要があるが、ベッドも看護師も医薬品も足りなければパニックになってしまう。万博協会はこのまま手をこまねいて見殺すつもりなのか？

医療ガイドには「こんな人は特に注意！」の項目がある。曰く、乳幼児や高齢者は特に気を付けましょう。乳幼児は大人よりも体温が高く、汗を出す汗腺の発達が未熟なため、体温調整がうまくできません、とある。吉村知事は記者会見で「4歳から高校3年生までを招待したい」と述べた。幼稚園児や小学校低学年の生徒たちを強制的に遠足で連れて行き、バタバタと倒れる事態になったら、誰がその責任を取るのか？　藤永のぶよさんが大阪市教育委員会に尋ねたら「責任者は校長先生になります」

ちょっと待て！　ほとんどの学校現場が万博遠足に戸惑い「できれば連れて行きたくない」と考えている。なぜ行くかといえば、ズバリ維新の圧力。知事と市長、市議会と府議会のすべてを維新に牛耳られている大阪では、「万博関連予算」はさっさと通ってしまう。ちゃんとした情報を伝えず、遠足の下見は開幕直前の4月に入ってから、そして事故が起きれば現場の先生に責任を転嫁する。「来場者数をカウントしたいだけ」で無理やり連れて行かれ、命の危険にさらされる子どもたちが一番の被害者、もし事故が起きれば責任を取らされる校長と引率の先生が2番目の被害者ということになる。

万博会場にはほぼ日陰がない。駐車場から大屋根リング、つまり日陰にたどり着くまで小学校1年生の足で歩いて約30分。「水は？　水は飲めるんですか？」という切実な質問に、協会は「水筒を複数持たせてください」「売店で水は売ってますか？」「はい、売ってます。しかし万博はすべてキャッシュレスです」。ノーテンキな万博協会、この寄せ集め集団は、事故が起きてもその責任を取らずに逃げていくだろう。私たちに何ができるのか？　それはあらかじめ危険を避ける、つまり「行かないこと」である。

行ってはいけない　その2　ヒアリなど

24年6月、夢洲にヒアリが約550匹発見され、すべて駆除したと報道された。ヒアリに刺されると文字どおり「火が着いたような痛み」を発症し、アメリカでは毎年約100人が死亡するという。別名「殺人アリ」とも呼ばれるヒアリがなぜ夢洲に？　その答えはコンテナヤード。大阪湾の埋立地である夢洲や咲洲には、常に諸外国からの大型船がやってきて、荷物の積み下ろしが行われている。

万博会場から道路一本隔てた夢洲4区には大きなトラックターミナルがあり、無数のコンテナが積んである。このコンテナに忍び込んだヒアリが外に出てきて、おそらくすでに定着しているのだと思われる。

ヒアリの根絶は不可能で「ヒアリ前提の万博」になる。今まで夢洲は無人島だったので人的被害は出ていない。このままそっとしておけばいいのに、1日平均15万人を集める「アホ祭り」を開催し、祭り会場の中心に「静けさの森」を作る。ヒアリは日当たりのよい開放的な場所に好んで巣を作り、水辺を好む。「静けさの森」には池もある。繁殖のために人の血を求めるヒアリにすれば、格好の場所である。

ヒアリだけではない。かつて日本各地でセアカゴケグモが出た！と話題になったが、あれも外来生物で原産地はオーストラリア。デング熱はネッタイシマカに刺されることによって発症する。昆虫だけではない、夢洲にニシキヘビが出た！ヌートリアがいる！など「なんでこんな動物がここに？」と首を傾げるような場所、それが夢洲だ。

25年1月現在、万博会場ではたくさんの労働者が働いている。とある建設労働者の証言。「変な虫がいっぱいおるで。作業服の中に入ってくるので、難儀してんねん。あんなとこに森なんか作るからや」。ここは元々、ゴミの処分場なのだ。諸外国からコンテナに乗ってやって来る害虫、害獣に加えて、「原住民」であるトコジラミやダニ、ハエや蚊、ハチなどにとって「静けさの森」は絶好のオアシスである。

24年8月、中学生と高校生に限って「万博ツアー」が行われた。日本中学生新聞を発行する川中だいじさんが抽選に当たって参加したが、出発前に気温を測ればなんと50度超え！　さらに彼は長袖長ズボンにサングラスという出立ちだった。「暑いのに、なぜそんな格好で?」と尋ねると、万博協会から「ヒアリに刺されないように長袖長ズボンで来ること」という指示があったからだという。参加した中高生は酷暑の中、フラフラになっただろう。よく熱中症にならなかったものだ。

開催中はさすがに殺虫剤などで駆除していくだろうが、「害虫がいて、殺虫剤が噴霧されているような場所」に、子どもを連れて行っていいのだろうか？　私たちに何ができるのか？　やはり「行かないこと」だろう。

長袖長ズボンで完全防備の川中だいじさん

行ってはいけない　その3　落雷

ジリジリと照りつける太陽によって海面や地表が温められ、水蒸気が上昇し積乱雲が発達する。やがて雷鳴がとどろき、豪雨と共に雷が落ちてくる。通常の都市では周囲に高いビルがあって、雷はその避雷針に落ちてくれるから人的被害はない。しかし夢洲には高い建築物はない。地盤が緩いゴミの島なので、高いビルは作れない。建てれば沈むからだ。パビリオンはほとんどがプレハブで、一番高い構造物は大屋根リングになる。

雷雨は突然やってきて雷は大屋根リングに落ちる。避雷針は？「リングの手すり」だそうだ。（24年11月22日、藤永さんが視察した際の国交省職員の説明）えっ、手すり？ 金属の？

「ビリビリきますやん？」質問する藤永さんに「ビリビリきません。雷が落ちそうなときは、すぐに来場者を下に降ろします」との回答。

一周2キロの大屋根リング、階段は8ヶ所。1日平均15万人来ているとすれば大屋根リングに上っている人も万単位の数になる。すぐに全員を避難させることができるのか？ 高齢者や障がい者もいるだろうし、乳幼児もいる。ゴロゴロと雷鳴が鳴る中、みんなが8ヶ所の階段に殺到すれば事故が起きる可能性が高い。落下する人が出たり、将棋倒しになったりしても不思議ではない。豪雨と共に強風も吹いている中で、来場者は「手すり＝避雷針」をつかむのではないか？

無事に1階に降りたとしても、まだ危険が残る。気象庁のホームページによれば「高い木の近くは危険ですから、最低でも2m以上は離れてください」とある。大屋根リングは木造で、柱はすべて「高い木」である。木に落ちた雷が幹を伝わって降りてくることがあるからだ。整理する。①雷雨は短時間で発生する。②おそらく大屋根リングに落ちる。③階段が8ヶ所しかないので全員が避難することができるのか？ ④避雷針が手すり。⑤1階に降りても木のそばは危険。どうしたらいいのか？

やはり「行かないこと」である。

行ってはいけない　その4　メタンガスなど

24年3月、グリーンワールド地区のトイレ建設工事中にガス爆発事故が起きた。「ビックリした。かなり大きな音だった」「死者が出ず、ケガ人もなかったのは奇跡」。テレビのインタビューに現場労働者が答えている。私は過去にこの現場を取材している。このグリーンワールド地区は夢洲1区に位置していて、万博工事前の19年9月、特別に許可をもらって中に入ったのだ。

1区は生ゴミを埋めた管理型ゴミ処分場で、最も危険な「立入禁止区域」だった。常にメタンガスが出て来るので、79本（当時）の煙突でメタンガスなどの有害ガスを大気中に放出しなければならない。ここをコンクリートで覆い、駐車場とレストランにする。爆発はそのトイレ工事中に起きた。コンクリートで蓋をしてしまえばその下にガスが溜

19年9月、特別に許可を得て夢洲1区を望遠で撮影。ここは人が入ってはいけない区域だった。

まる。溜まったガスに溶接の火花が引火して大事故になった。当然の帰結。

当初、万博は2区のみで開催だった。2区は川底をさらえた浚渫《しゅんせつ》土砂や建設残土で埋まっている。百歩も1万歩も譲って「夢洲での開催」に同意したとしても、それは2区に限るべき、であった。1区のグリーンワールドだけは避けなければならない。何しろここにはPCB袋が約3千袋、生ゴミの焼却灰、水銀や六価クロム、ダイオキシンが埋まっている場所。地中からはメタンガスだけでなく、有毒の一酸化炭素や硫化水素などが常に噴き出している超危険な場所なのだ。ではなぜ計画を変更して1区開催になったのか？

その答えは大屋根リング。当初予定に

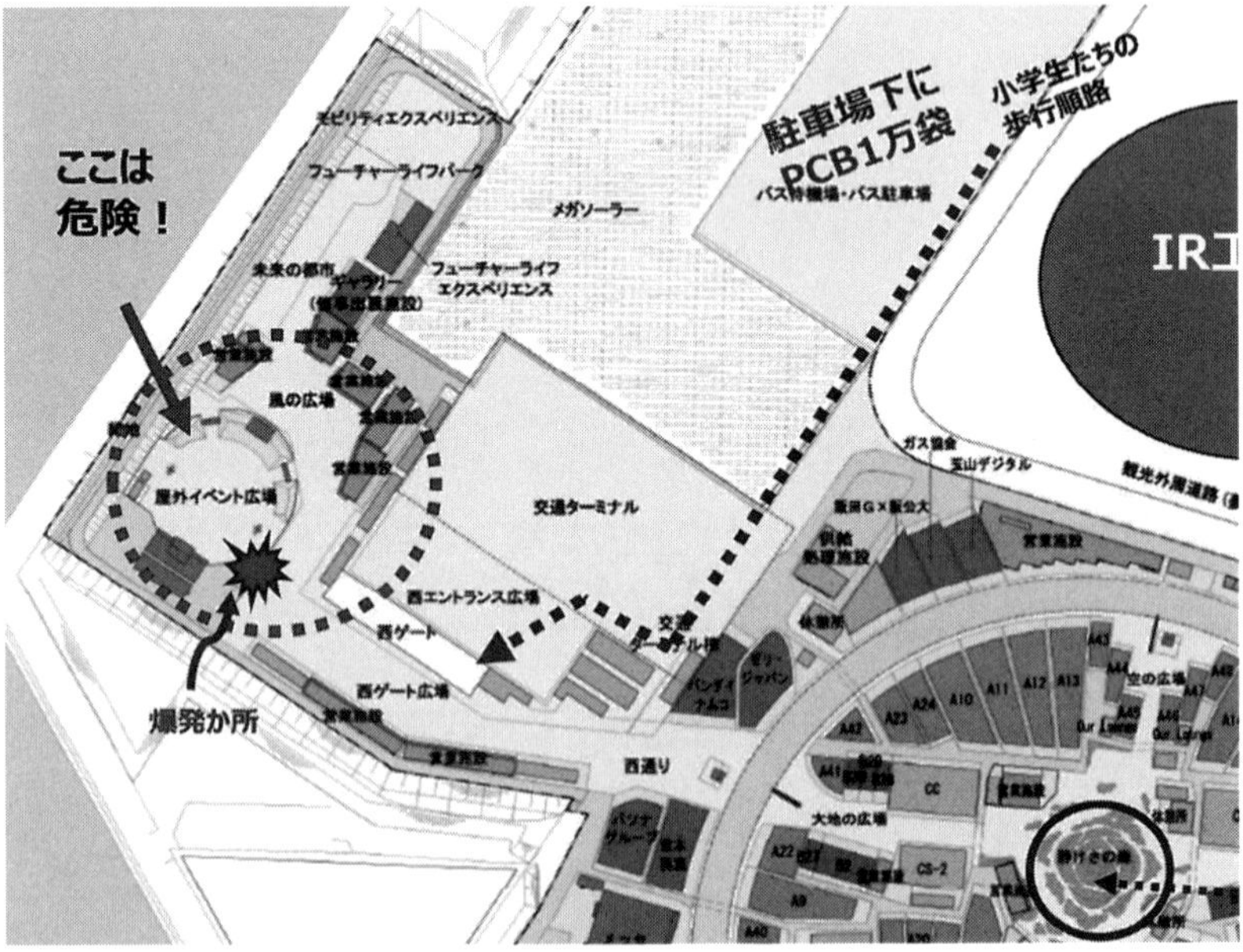

工事中にガス爆発があったのはココ！
（出典：万博協会、爆発か所など筆者が加筆）

なかったあの約344億円もするリングを作ったから、場所が足りなくなって1区を使わざるを得なくなった。万博協会は事故を受けて、開催期間中は「本日のメタンガス濃度を発表する」と言う。5%を超えれば爆発の危険があり、1・5%を超えれば退避しなければならない。メタンガス対策、つまり換気装置やガス検知器などの設置で、さらに30億円超の追加予算を組んだ。もうアホの極み。ガス爆発事故の直後に吉村は「2区では出ません」と言い切った。現実は2区でも出ている。2区は生ゴミではないが、川底のヘドロで埋まっている。有機物が入っているところでは必ずメタンガスが出る。1区ほどではないが2区の「リングの内側」も危険なのだ。

さらに危険なことがある。それは維新と協会の「ウソ、隠蔽体質」。万博協会が外国パビリオンの責任者に爆発事故を報告したのは2ヶ月後。ポーランドやノルウェーの責任者は「なぜもっと早く言ってくれないのか。命に関わることではないか」と憤っていた。こんなことだから外国も撤退する。ちなみに硫化水素は大気より重いので下にたまる。大量に吸い込んでしまえば死亡する。子どもは身長が低いので大人よりたくさん吸い込んでしまう。こんなところに行かせていいのか？　私たちはどうすべきか？　それは「行かないこと」である。

行ってはいけない　その5　帰宅困難、下手すれば野宿？

夢洲へのアクセスは橋とトンネルだけ。朝9時の開幕にあわせて大阪市内から地下鉄に乗る。朝のラッシュアワー、本町や森ノ宮、弁天町や堺筋本町など市内中心を走る中央線の混雑率は１４０％。これは「肩が触れ合う程度で、新聞は楽に読める」状態。通常でもかなり混み合っている電車に、さらに１５０％の来場者を乗せねばならない。合計で２９０％。これは「電車が揺れるたびに、体が斜めになって身動きできない。手も動かせない」状態になる。計画では「２分半に１本の電車を走らせるから移送はできる」とのことだが実際はどうなるか？

　大阪市をはじめ衛星都市の大部分を維新に牛耳られている大阪、子どもたちは無理やり遠足に連れて行かれる予定。遠足の希望日は５月に集中する。４月は入学式、クラス替え直後なので、集団が安定するまで様子を見ることになる。６月からは暑くなる。なので５月。

　東大阪市のＡ小学校が荒本駅から、堺市のＢ小学校は森ノ宮駅から、守口市のＣ小学校は谷町四丁目駅から、吹田市のＤ小学校が堺筋本町駅から……。おそらく乗れない。「早く乗れ！」先生が扉を開けて子どもたちを入れようとする。そ

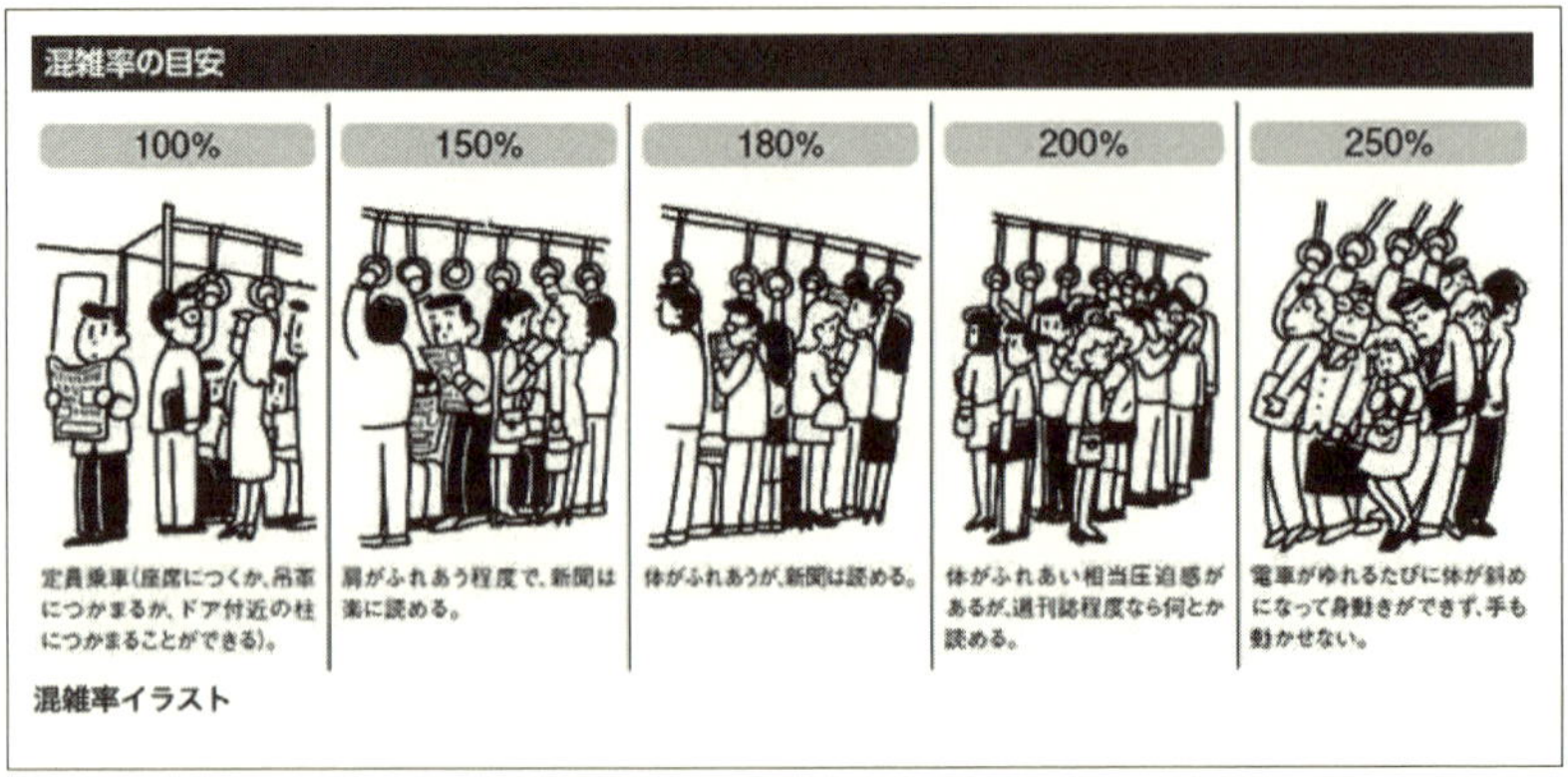

混雑率が250%を超えると身動き出来ない状態に（日本民営鉄道協会のHPより）

こに次の電車、次の電車が渋滞する。

まだ「行きはよいよい」なのかも知れない。出発時間を少しずつずらせば乗れるかもしれないし、まだこの時点では「不測の事態」が起きていないからだ。

「帰りは怖い」。あらかじめ決められたパビリオンを見学し、お弁当を「爆発したトイレのそばの休憩所」で食べ、さて帰ろうかとなったときに「○○線で人身事故。現在地下鉄は不通です」。たった一つの帰路である夢洲駅に人があふれ、やがて深夜。夢洲にはホテルがないので、「駅舎に野宿」になってしまう。

バスはどうか？　橋が一つなので、交通事故が起きれば橋も通れない。シャトルバスは素人に近い、にわか運転手である。渋滞で焦ったバス同士が事故を起こす可能性は高い。そうなればバスの中で寝るしかない。乳幼児や車酔いに弱い子もた

大阪・関西万博、６０万食の備蓄確保へ…１５万人が３日間孤立想定

2024/06/29 11:21　保存して後で読む

２０２５年大阪・関西万博を運営する日本国際博覧会協会（万博協会）は、開催期間中に災害が発生した場合に備え、６０万食の備蓄を確保する方針を明らかにした。今夏に策定する防災実施計画に盛り込む。

パビリオンの建設工事が進む大阪・関西万博の会場（６月１７日、大阪市此花区の夢洲で、読売ヘリから）＝中原正純撮影

２７日の理事会で報告された。万博会場となる夢洲《ゆめしま》（大阪市此花区）は人工島で、災害時には交通ルートが遮断される恐れがある。万博協会は、南海トラフなど震度６弱の地震や台風が発生し、来場者１５万人が島内に取り残されたと想定。孤立解消まで３日間、生活できるだけの水や食料、粉ミルクなどを備蓄する。

災害が起きれば15万人が3日間閉じ込められるという想定だ。
（2024年6月29日付読売新聞オンライン）

くさん。電車やバスが渋滞すれば「オシッコ」と泣き出す子も続出しかねない。このまま万博に行けば子どもたちは「万博トラウマ」に襲われても不思議ではない。

遠足や修学旅行は学校教育の一環である。どこに行くのか、何を学ぶのか、はそれぞれの学校が決めるべき。入場者数を増やして「万博は成功しました」と言いたいだけの維新によって、教育が歪められる。巷では「これは学徒出陣ではないのか」の声が高まっている。修学旅行でやって来た全国の中高生から「昨年も来年もユニバ。なんで今年だけ万博？」という恨みの声も聞こえてきそうだ。私たちはどうすべきか？　「行かないこと」「行かせないこと」だ。

行ってはいけない　その6　健康データを盗まれる

万博のテーマは「いのち輝く未来社会のデザイン」。だから健康や長寿、医療などを売り物にしたパビリオンが並ぶ。中でも危険なのが「大阪ヘルスケアパビリオン」だ。売り物は「ミライの自分」。来場者はまず「カラダ測定ポッド」に入り、自分の身体をスキャンする。腕にバンドを結ばれて骨格や肌、髪、血管などの現状を測定、25年後の自分がアバターとなって現れる。74歳の自分と向き合った吉村は「不思議な感覚、過去は変えられないが、未来は変えられると感じた」と陳腐なコメント。この人の未来が「アホ祭りに多額の税金をつぎ込んだ罪で逮捕」されていたらいいな（笑）。

この「カラダ測定ポッド」がヤバイ。あなたの身体に関する個人情報が盗まれ、データが「協賛企業」に売られてしまうのだ。「大阪ヘルスケアパビリオン」の責任者森下竜一はもっとヤバイ。森下は株式会社アンジェスの経営者で「大阪ワクチンができます」とブチ上げ、20年4月に吉村が記者会見。「オール大阪で大阪産ワクチン開発を進める。9月から実用化したい」と発表。直後から「アンジェス株」が急騰。森下はさぞ儲かったと思うが、結局ワクチンはできなかった。これも吉村が得意とする「やるやる詐欺」の1つでしかなかった。

ちなみに森下は安倍政権で内閣府規制改革会議委員を務めていて、機能性表示食品の規制緩和を働きかけていた。そう、あの「小林製薬紅麹事件」を引き起こした張本人とも言える。小林製薬はこの事件が発覚する前は、万博に5億円を寄付し、ヘルスケアパビリオンに出展する計画だった。来館者はデータを盗まれた上に「はい、これがあなたのカラダに効くサプリです」と紅麹を（苦笑）渡されるところだった。

森下は株式会社サイエンスの顧問を務めていて、パビリオンには同社製の「人間洗濯機」が展示される。東京オリンピック終了後、電通の高橋治之が紳士服のＡＯＫＩや出版大手のＫＡＤＯＫＡＷＡから口利き料を収賄していたことが判明し収監された。森下も同じ構図、「口利きビジネス」の中心にいる。万博終了後、この人物もブタ箱に入るかもしれない。

自身のデータを盗まれ、危うく「紅麹サプリ」を飲まされるところだった万博。どうすればいいのか？「行かないこと」が一番だ。

行ってはいけない　その7　台風と線状降水帯

大阪湾に浮かぶ夢洲には何もさえぎるものがない。２０１８年9月、台風21号の直撃を受けた夢洲、咲洲がどうなったか？　まずは写真をご覧いただきたい。重いコンテナが駐車場まで飛んできて車の上に乗っかっている。コンテナが風に流され海に落下、プカプカ浮いて漂っている。万博は、原

風に飛ばされ海にプカプカ浮かぶコンテナ

飛ばされてきて車に乗っかったコンテナ

則「浮体工法」だ。つまり杭を打たずに浮かせているだけなので、パビリオンごと飛ばされるかもしれない。もっと危ないのはグリーンワールドに出店している簡易レストランやキッチンカーである。おそらく飛んでいく。

台風は予測可能なので、そのときに来場者はいないだろうから、キッチンカーが来場者に当たる、強風にあおられて人が海に落ちる、などの人身事故は起きないだろう。ただ直撃を受けてミャクミャク人形が飛んでいく（苦笑）映像などが流れると、恐怖で誰も行かなくなって、さらに赤字を膨らませるだろう。もっと危険なのが線状降水帯だ。これは予測不能で温暖化が進む中、毎年のように各地で起きている。

23年6月2日、局地的な豪雨に襲われた夢洲。夢咲トンネルが水没して通行不能になった。問題なのはこのトンネルが海底にある、ということ。つまりここが一番低いので、夢洲と咲洲に降った雨が急流のように流れ込んでくる。地下鉄が水没、橋も強風で不通になるから、1日平均

夢咲トンネル冠水で一部通行止め、解除は未定

2023/6/2 16:58　X ポスト　反応　記事を保存

社会 | 地震・災害　豪雨・台風

大阪市役所

大阪市は２日、大雨の影響でいずれも人工島の「夢洲（ゆめしま）」（同市此花区）と「咲洲（さきしま）」（同市住之江区）をつなぐ「夢咲トンネル」が冠水し、一部車線を通行止めにしたと発表した。解除の時間は未定。

市大阪港湾局によると、トンネル内に雨水と泥が流れ込み、咲洲から夢洲に向かう車線を通行止めとした。夢洲から咲洲への車線は通行可能。

夢咲トンネル水没の記事（2023年6月2日付産経新聞）

15万人の来場者は帰れない。海底トンネルに溜まった水はポンプで吸い上げるしかない。地下鉄が再開するまでかなりの時間を要する。豪雨によって停電していたらクーラーが効かず熱中症の危険もある、食料が腐って食中毒の可能性も。

さらに悪いことに夢洲は川底や海底をさらえたヘドロで埋まっている。含水率49％、つまり半分は水。「ドロドロの土」は雨を吸い込まない。降った雨はトンネルに行くしかない。懸念するのが「水没死」。たまたまトンネル内の地下鉄か車に乗っていた人は逃げ場がない。こんな恐ろしい事態にならないことを願うが、温暖化の進行で日本の夏は「カンカン照りか豪雨」なのだ。つくづくこんな場所で開催すべきではないと思う。

私たちはどうすべきか？　やはり「行かないこと」である。

行ってはいけない　その8　地震と津波

25年1月、政府の地震調査委員会が「30年以内に南海トラフが動く確率を従来の70～80％から80％程度」に引き上げた。巨大地震がやってくれば夢洲はひとたまりもない。

まず地盤がズルズルなので建物はほぼ倒壊する。阪神大震災では山側の住宅は比較的倒壊していなかったが、海側の、特に埋立地の住宅は大損害を受けていた。確実に液状化が起こるので、倒壊しなかった建物も傾く。橋もトンネルも破壊されているから、1日平均15万人の来場者は逃げ場所がない。おそらく島全体が大パニックになる。吉村は「夢洲は液状化しません」と言うがウソである。いや夢洲は液状化というより「液そのもの」（笑）なので、「液状化しません、もともと液です」という意味では正しいのかも。

問題なのは来場者が数日間にわたって取り残される、ということ。万博協会は90万食を備蓄している、というが2日×3食×15万人＝90万食なので、2日以上取り残されれば飢えてしまうし、おそらく停電しているからクーラーは効かず、熱中症でバタバタと倒れていく。協会は避難訓練と称してドクターヘリで2〜3人をロープで吊り上げて病院へ運ぶ映像を見せていたが、15万人をヘリで運ぶつもりなのか？　地震の際は船で避難させます、とも言うが、夢洲には大型船が着岸できる桟橋はない。いや、地震直後なのでそんな船も確保できないだろう。

食糧なし、冷房なし、野宿で人がサバイバルできるのはおそらく最初の72時間。見殺すつもりなのか？　あまり報道されないが、大阪湾には断層が

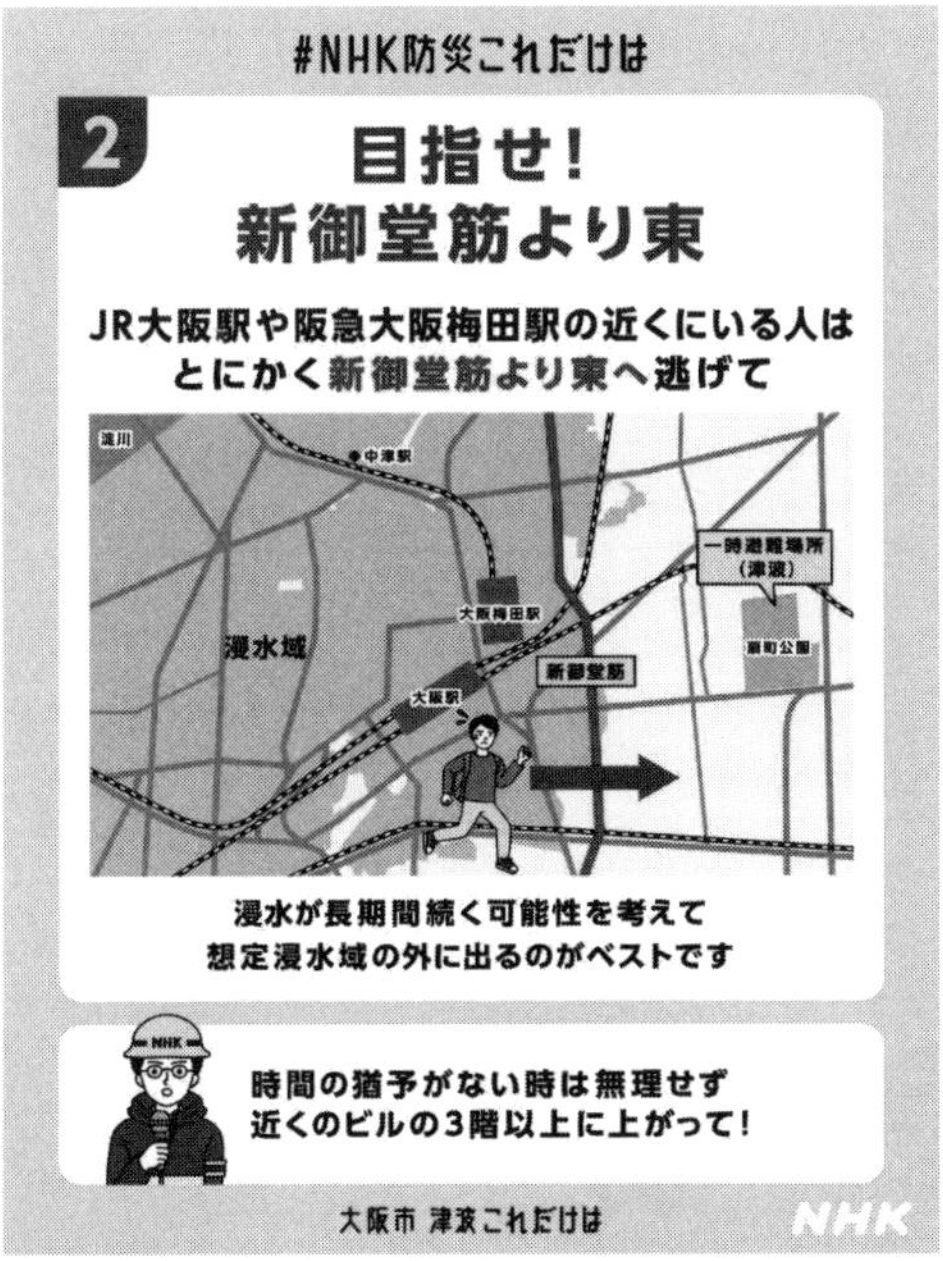

津波がきたときに安全なのは新御堂筋より東！
（NHKのHPより）

走っている。仮に南海トラフが動かなくても能登のような直下型地震の可能性もある。

津波も大問題である。吉村は「夢洲に津波は来ません」と言うがこれもウソ。夢洲は盛り土して高いので津波被害はない、と言うのだ。百歩譲って、仮にそうだったとしても夢洲は「大阪湾の一番西側」にある。どうやって逃げるのだ？　NHKの防災マップは「新御堂筋より東へ逃げて」とある。一番西に位置する夢洲から走って東へ行けるのか？

万博協会は「津波が来たら大屋根リングには上らないでください」と言う。なぜ？　高いところに逃げるのが鉄則なのに、上らないで、と言うのは「リングが流されてしまうから」としか思えない。維新と万博協会の対策は「神社で御祈祷すること」（苦笑）くらいのレベル。「いのち輝く未来社会のデザイン」を目指す万博で命を落としてはいけない。命輝かせようと思えば、「行かないこと」が一番だ。

行ってはいけない　その9　イスラエル館

23年10月にガザ戦争が勃発した。直後から私は2度イスラエルを取材したが、それはひどいものである。ガザから5キロ、ユダヤの街スデロット市から望遠でガザを撮影。街全体がほぼガレキと化している。ドーン、ドーン。20分に1回くらい爆音が轟く。イスラエル軍が戦車砲を撃ち込んでいるのだ。ガザの街に黒い煙が上がり、次に白い煙が上がる。地面に落ちたときは黒で、ビルに当たれば白。

24年3月に入国したとき、すでに3万人の市民が殺されていたが、10月には4万2千人になっていた。6ヶ月で1万2千人、つまり一月で2千人、毎日60人ずつ殺されている。そんな「殺人国家イスラエル」が大阪に来てタイプCでパビリオンを出展する。「いのち輝く」どころか、「いのち絶滅」させている国を招くとはどういうことだ？

「イスラエルの技術革新、投資を進めるために、世界で最も重要な見本市でイスラエルが代表されることになり、努力が実を結んだことを嬉しく思います」。コーエン駐日大使のコメント。「万博が見本市」ならば、そこに並ぶのは戦車砲、無人ドローン、AIを搭載した殺人ロボットなのか？　パビリオンの大画面にネタニヤフ首相が出てきて「イスラエルと日本は先進技術（＝武器）の取引で発展します」などのビデオが流れそうだ。これを遠足の子どもたちに見せて「社会勉強」させるのだ。

ユダヤ側の街から望遠でガザを撮影。現在進行形で人を殺している。

逆にロシアは万博に出展しない。23年11月「ホスト国との意思疎通が不十分だ」として、早々と不参加を表明している。背景には松野博一官房長官（当時）の「ロシアのウクライナ侵略は万博の理念と相いれない。状況が変わらなければ参加は想定されない」という、もっともな見解があった。タイプAでの参加を検討していたロシアだったが、実質的には日本が断ったのだ。典型的なダブルスタンダード（二重基準）。欧米を敵に回した国（ロシア）はダメで、味方につけている国（イスラエル）はOK。強いもの（欧米）に媚びへつらう「スネ夫国家、日本」。イスラエルが参加した時点で、万博はボイコットすべき存在になった。憲法9条を持つ国としての日本の矜持はどこに行ってしまったのだろう？

行ってはいけない　その10　カジノ建設への道

無理やり夢洲を会場に選んだのは前市長の松井一郎。彼は住民説明会で「カジノには税金を使いません。逆です、すべて業者がやります。地下鉄も高速道路も税金を一円も使いません。むしろ業者の売上から税金が入り、その金で豊かになれるんです」とのたまった。

この頃、大阪に触手を伸ばしていたカジノ業者は3社。つまり大阪は選べる立場で、強気だった。その後コロナが来て1カ所に客が集中する形態のカジノは「過去のもの」となりオンラインカジノが主流になっていく。残ったのはMGMリゾーツとオリックスの合弁会社のみ。

ここで立場が逆転した。撤退か開業か。業者が選べる立場になった。そこで万博。「カジノ業者のために、税金で地下鉄、高速道路」なら、さすがにみんな激怒する。だから「万博のため」と言って整備する。無駄なアホ祭りはカジノのための前さばき。だから雨ガッパ松井は表舞台から姿を消した。万博とカジノを進めたA級戦犯は松井一郎である。

23年4月の大阪市長選挙で松井は引退を表明し、後継者の横山英幸が当選した。この時点でまだ彼は58、9歳。市長として2期目ができるし、「吉村人気」が絶頂だったので、楽に当選できたはずだ。立候補しなかったのは「逃げたかった」から。このまま市長を続けてしまえば、莫大な税金を突っ込んで賭博場を作ったアホ政治家として、責任追及されるのは必至。盟友の橋下君はすでに逃げている。「吉村、横山。後はお前らが何とかしろ」

本来大阪府や大阪市は賭博を取り締まる立場である。街には「オンラインカジノは犯罪です」というポスターが貼られている。つまり「維新が首長を取っている＝知事は警察のトップ＝ドロボーが警察をやっている」ということだ。

この状態で下手に万博が成功すると、次に来るのが賭博場。せっかく作った地下鉄、高速道路に上下水道。このまま廃墟にするのはもったいない、カジノ業者に使っ

オンラインカジノが犯罪だと注意喚起するポスター
（警察庁のHPより）

てもらって、その上がりから税収を。そして福祉に回します。次の選挙では、おそらく維新はこんなことを言う。ちょっと待て、その「博打の上がり」は人を不幸に突き落としたカネではないか。そんなカネで人を幸せにできるはずがない。

パチンコや競馬などのギャンブル依存症は、今でも約６００万人もいる。依存症の父親を持つ女性を取材したことがある。かつて裕福だった実家から、知らないうちにピアノがなくなり、家を売り、団地に引っ越して、生活保護受給になり、学費が要らず後に「お礼奉公」で返す看護師専門学校にしか行けず……。その壮絶な実体験を聞きながら、「パチンコは本当に怖いものだ」と感じた。

でもまだ「パチンコはまし」なのだ。共著者の桜田照雄教授によれば「パチンコは1秒間に4発しか玉が出ない。営業時間は朝の10時から夜の11時なので、どんなに負けても1日20万円程度」なのだ。教授は「カジノは24時間営業で底なし。マカオのＶＩＰルームはチップ一枚が１５０万円」と解説してくれた。ルーレットで赤に賭けて3回外れたら４５０万円。わずか数分で年収が飛ぶ。大谷選手の通訳だった水原一平君はスマホで闇カジノをして62億円を溶かしてしまった。

そんな巨額の金を賭けずとも、おそらくひと財産はあっという間に溶けて無くなる人が続出する。窃盗や強盗などの犯罪が多発し、生活保護受給者が増える。損をするのは地元の大阪、兵庫、京都、奈良などの関西人になる。何度も繰り返して言わねばならない「万博は博打場建設のためのアホ祭り」。戦争は街を壊す、カジノは人生を壊す。「大阪万博はカジノのために開催する」ことが、ようやく多数の知るところとなってきた。どうすればいいのか？　「万博には行かない。そして強行開催した人々の責任を追及する」ことが重要だ。

この「行ってはいけない」の10箇条をぜひ拡散し、大阪、関西の街を、そこに住む人々を救ってほしい。

第1部

再検証―万博の危険、まやかし、ムダ

PART.2

大阪・関西万博の〝経済効果〟なるもの

論考

阪南大学教授
桜田 照雄

万博を夢洲で開催する意図はどこにあるのか

大阪・関西万博の際立った特徴は、その立地条件にあります。大阪湾という「洪積層が沈下するという世界でも稀な海底地盤」（赤井・京大教授＝当時）に、「法の抜け穴（ループ・ホール）」が存在し、有害廃棄物・有害汚泥・建設残土で造成された軟弱地盤の上で開催されるからです。ロンドンオリンピック（２０１２年）や東京オリンピック（２０２１年）のような巨大イベントを使って、都市改造を行い、民間企業の収益基盤を強化する（「イベントを起爆剤に」とのスローガン）は、夢洲では望むべくもありません。

科学的な知見や事実と知性への信頼をもたない首長が、自ら率いる政党の利権と勢力を拡大する手段としたのが、大阪・関西万博なのです。「健康をキーワードとした先端的ものづくりをアピールする」（２０１７年）という開催意義ですら、「大阪経済の成長」という自身の党派的スローガンに平仄《ひょうそく》を合わせるものでした。

それだけではありません。当初、万博会場の候補地ではなかった夢洲が突如、会場に決定します。朝日新聞は２０１６年5月23日の記事で、5月21日に松井一郎知事が菅義偉官房長官（いずれも当時）と東京都内で会談し、「会場は夢洲を軸に検討する」と伝えたことを報じました。大阪市の公文書「２０２５年万博基本構想検討会議第1回整備等部会」（２０１６年7月22日）にも「夢洲は、要は知事の試案ということで、知事の思いということで、この場所でできないかということでお示しをした場所でございます」と記されています。

万博開催それ自体が、橋下・松井・堺屋の三氏が大阪・北浜の寿司屋で会食したおり、堺屋氏が「橋下さん、松井さん、もう一回万博をやろうよ」と言ったと、松井氏の自著である『政治家の喧嘩力』で明かされています。

なぜ、松井氏が夢洲にこだわったのか。とりもなおさず「カジノと万博との相乗効果」を狙ったからにほかなりません。「カジノのための万博」とは、その通りなのです。夢洲には電気・ガス・上下水道・通信設備など、基礎的なインフラがありません。こうしたインフラはカジノ事業者が〝自前〟で整えるのが、世間の常識というものです。ところが、都市間競争が脳裏にあって、ぜひとも大阪にカジノを誘致したいとの考えによれば、インフラ整備費用を行政が負担することは、事業者への強力な支援策となります。その手段として用いられたのが「万博誘致」であったと、私は考えています。

１９９５年12月に大阪市長に就任した磯村隆文氏が、「在阪企業の海外進出は阻止できない。大阪は集客産業の育成にカジを切る」と表明してからは、大阪へのオリンピック誘致、小泉純一郎内閣の「観光立国・日本」に平仄を合わせた「都市型ツーリズム（集客・観光）基本戦略」の策定など、集客産業育成策は、今日に至るもなお、維新府政・市政の〝看板政策〟であり続けています。この〝看板政策〟がいきついたところが、〝非日常性の極致〟であるカジノだったのです。

ＵＳＪの４倍にもなる２８２０万人という来場者計画

誘致を含め万博を成功させるには、住民の合意が不可欠です。以上に述べてきた事実が住民に広く知れわたることになれば、〝うさん臭い〟イベントだと理解され、イベントの誘致・成功はおぼつかなくなります。

大阪・関西万博では、約２８２０万人という来場者計画が達成されることを前提としています。そのうち国内来場者が約２４７０万人（88％）、海外来場者が約３５０万人（12％）、国内来場者のうち近畿圏内は約１５５９万人（63％）、近畿圏外が約９１１万人（37％）と見込まれています（「大阪・関西万博来場者輸送具体方針」、２０２３年5月）。

「関西圏には２０００万人以上の人口があり、年間１０００万人以上のインバウンドも訪れるのだから、十分達成可能な数字」とエコノミスト（若林厚仁）は判断しています。

イベント主催者や公共事業の事業主体が経済効果を強調する狙いは、イベントや事業の正当性を獲得することと、関連する事業の収益機会を創出することにあります。大阪・関西万博の公表経済効果は、その狙いをあからさまにしている点で際立っています。しかも、夢洲を舞台とした万博やＩＲの公表経済効果は、基礎資料となる肝心の事業計画に合理性が認められない――来場者の過大計上など――ことに加えて、海底下１０００～３０００メートルもの厚みで堆積した泥層に起因する土地改良費やＩＲ建設後の地盤メンテナンス費の積算困難があるので、公表経済効果の数値を鵜呑みにすることはできません。

「万国博覧会は時代遅れ」（筒井康隆、モーリー・ロバートソン氏ら）と言われるなかで、必ずしも魅力に富んだ内容をもつとも思えないイベントに、USJの4倍の集客が可能なのか、関西圏の住民を根こそぎ動員してもまだ足りない計画が果たして達成可能なのか、疑問はつきません。

そこで維新府政・市政が住民の合意を取り付ける手段に用いたのが「経済効果」を住民に知らしめるという手法でした。果ては、「万博誘致費用の36億円は2兆円の経済波及効果を実現するための必要経費」（松井知事、2018年11月）とさえ、述べるに至っています。

大阪・関西万博の場合、国費で約1650億円、万博に直接関わるインフラ費用として約8400億円との試算を昨年12月末に政府は発表しています。大阪府・市は、負担額は約1110億円となるとしています。「1兆円近い公金を投じる値打があるイベントなのか」という住民の声への回答の一つが、維新が〝常套手段〟としている「投資に見合う経済効果がある」というロジックなのです。

以下では、資料が整っている大阪・関西万博（夢洲万博）の公表経済効果を吟味しましょう。

過大な集客目標が過大な公共投資を呼ぶ

「2800万人の集客」という非現実的な目標を達成するために、万博関連公共事業として、開催

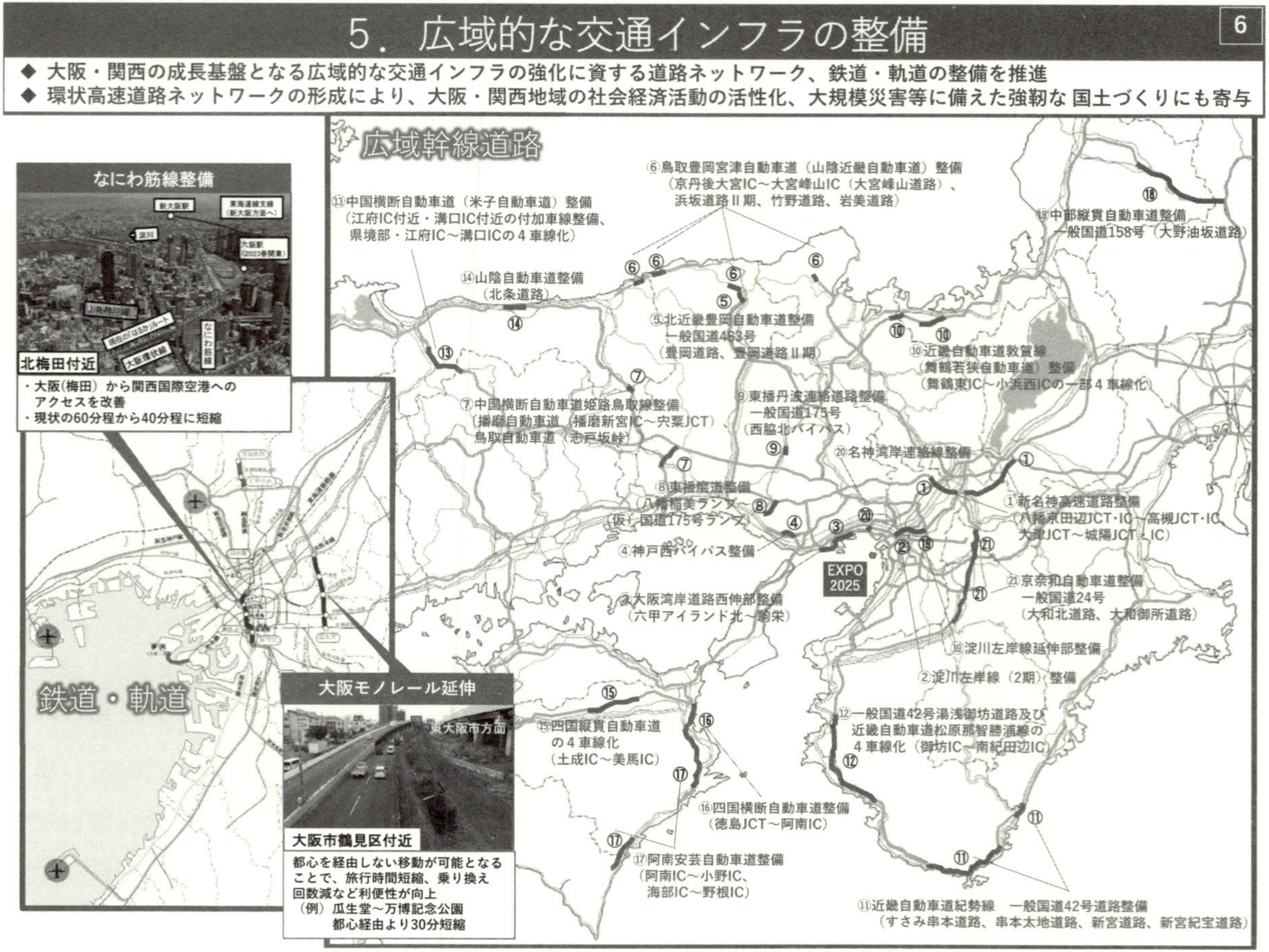

図表1　広域的なインフラの整備

出典）国土交通省「2025年に開催される日本国際博覧会（大阪・関西万博）に関連するインフラ整備計画の概要」2021年8月27日

地から遠隔地を含む広域的な交通インフラ整備が進められています。特に、紀伊半島や徳島県南部、鳥取県、福井県など、会場から地理的に遠く離れた地域での高速道路建設が、万博へのアクセス改善という名目で実行に移されています（図表1）。

しかし、この9兆円を超える公共投資は、過大な需要を人工的につくりだすことで、特定の企業、とりわけゼネコンなどの大企業に巨利をもたらす構造となっています。遠隔地での高速道路建設が、本当に集客にとって必要不可欠なのでしょうか。

２０１６年11月に公表された「２０２５日本万国博覧会・基本構想・試案」では、「全国への経済波及効果は約6兆円」と試算されています（なお、広域・周辺基盤整備に係る費用は除かれています）。この積算根拠は、建設費／主催者による建築・建設補修１２５０億円、出展者等による建築・建設補修６５４億円、入場者数／３０００万人とされました。また、間接的な誘発効果として表に示した10項目が想定されています（大阪府『「２０２５日本万国博覧会」技術構想案』、２０１６年11月）。

公表された経済波及効果に潜むまやかし

夢洲万博「経済効果」論の巧みさは、「真実」と「架空」ないし「虚偽」との〝サンドイッチ構造〟をつくるところにあります。「真実」のなかに「架空」や「虚偽」をはさみ込むのです。

図表2は、国際博覧会大阪誘致構想検討委員会が2015年4月に公表した「経済波及効果（府内）」です。経済効果の測定にあたって、ここでは「標準試算」と「オプション試算」なるものに区分しています。

「標準試算」とは、パビリオンなどの建設費・イベントの運営費・来訪者の交通宿泊費などの消費支出からなります。これらのうち支出する金額が確定的なのは「建設費」だけでして、2820万人と想定された来訪者の「消費支出」は言うまでもなく、イベントの「運営費」もあらかじめ予算が決められているわけでもないので、確定数値ではありません。経済効果の金額が推定値に過ぎないことは、「オプ

② 国際博覧会大阪開催による経済効果検討

§4 万博開催による直接・間接効果を加味した経済波及効果（総合計）

万博開催（愛・地球博相当）による経済波及効果（府内）　＜標準試算＞

【建設・運営・消費支出(A)】 8,690億円 → 【経済波及効果(B)】 11,279億円

＋

万博開催による直接・間接（誘発）効果（府内）　＜オプション試算＞

【直接効果】 開催前・開催中　※想定入場者数:2,200万人（愛・地球博相当）

①オーダーメイド型医薬品・医療サービスの普及・定着　3,300億円　※66万人/年(想定入場者の3%)×10万円/人×5年
②次世代型ウェアラブル端末等の普及・定着　1,650億円　※110万人/年(想定入場者の5%)×3万円/人×5年
③次世代型携帯端末機器の普及　2,200億円　※440万人/年(想定入場者の20%)×5万円/人
④開催前の観光客（訪日外国人、国内旅行者）の増加　2,410億円　※482億円(愛・地球博の総消費支出の5%(半年)×2)×5年
⑤開催に向けた企業の研究開発・設備投資等　1,140億円　※228億円/年(府内民間設備投資の3%)×5年

【間接（誘発）効果】 開催後（大阪・関西の魅力度や知名度の向上による）

⑥開催後の観光客（訪日外国人、国内旅行者）の増加　2,410億円　※482億円(愛・地球博の総消費支出の5%(半年)×2)×5年
⑦国際会議・大規模イベントの開催　※国際会議1回あたりの経済波及効果 141億円 (21,316億円/151件)
⑧国内企業・外資系企業の進出　※参考値：某外資系製薬会社の従業員 約2,700名
⑨国内転出・海外移転企業の再進出
⑩高度人材集積による研究開発拠点等の形成

【上記①～⑥の効果(C)】 13,110億円 → 【経済波及効果(D)】 17,580億円

‖

万博開催による経済波及効果（府内）（総合計）　＜標準＋オプション試算＞

【総需要(E:A+C)】 21,800億円 →【経済波及効果(F:B+D)】 28,859億円　F/E=1.32　9

図表2　万博開催による経済波及効果（府内）

出典）国際博覧会大阪誘致構想検討会「国際博覧会大阪開催検討データ収集等調査より中間報告」2015年4月

ション試算」で露わになります。

たとえば、「オーダーメイド型医療品・医療サービスの普及・定着」で「３３００億円」の効果額が計上されていますが、その積算根拠といえば「想定入場者の３％である年間66万人が１人当たり10万円を5年間にわたって支出する」という架空の事象のうえに、架空の事象を重ねた金額にほかなりません。

２００５年の愛・地球博の閉幕後に計算された経済効果額は、１７８０億円の会場建設費が、２０９１億円の会場運営費と４８１９億円の消費支出との合計６９１０億円をもたらしました（博覧会開催の第一次的な経済効果です）。この規模で博覧会を開催したとき、大阪府産業連関表を用いて試算をすると、愛・地球博で生まれた８６９０億円の需要は、大阪府では1兆１２７９億円の波及効果に換算されます。

経済効果として示された金額の「確からしさ」を支えるのが、産業連関表という統計です。経済効果における波及効果（誘発効果）とは、「ある生産部門に最終需要が1単位生じたとき、各生産部門の生産額が何単位誘発されるか」を統計にもとづいて測定したものです。

直近の資料である平成20年（２００８年）大阪府産業連関表（34部門）によれば、建設業での1単位（たとえば1億円）の需要は、対事業所サービスでの１１００万円の生産（売上）を誘発するなど、34部門全体では1・31倍（1億３１００万円）の生産を誘発すると試算されます。

万博開催による経済効果を１兆３１１０億円と試算し、これに「建設・運営・消費支出」の

8690億円を加えた「総需要2兆1800億円」を、実績値である産業連関表から得られた係数（1・32）を乗じた金額（2兆8859億円）を「経済波及効果」としている。都道府県産業連関表を用いて、全国への波及効果の試算結果が、「万博経済効果は6兆4000億円」との命題として示されるわけです。

費用対効果をうたって住民合意を形成

行政改革は政府にとって「宿痾《しゅくあ》」なのではないでしょうか。1981年に始まる中曽根政権下では、「臨調・行革」が主要な政治課題となりました。それから約20年、1998年には「中央省庁改革基本法」が制定され、2001年には省庁再編が行われ、大学の独立法人化が進められました。つまり、行政改革とは、絶えざる日本経済の量的変化に伴う行政需要の対応として、40年あまりにわたって主要な政治課題とされてきたのです。このなかで国や自治体の予算編成において導入されたのが、「費用対効果」という予算管理＝支出コントロール手法であり、政府・自治体が主催するイベントや、重要な公共事業において経済効果の測定が「必需品」であるかの地位を占めることとなりました。

費用対効果とは、予算を上回る経済効果によって施策の採否を識別する手法を指します。経済効果を測定し公表するのは、有権者の合意形成だけでなく、「費用対効果」というイデオロギーにしたがって行政を執行する主体――自治体職員に他なりません――の合意形成をも進める手段となるのです。そのことは、つまり、自治体職員や有権者の首長への信認形成につながる（イデオロギーとは虚偽意識＝幻想ではなく、自らの行動を導く客観的な規範意識を指します）。

経済効果を広く告知することの意味は、政治的な意思決定への合理性を確保することにあると考えられます。「これだけの売上があるのですから、大阪経済の復興は間違いない」と主張したいわけです。経済効果として示された金額が「架空」である可能性を見抜き、経済効果の仕組みを理解する力が不足している地域住民は、「6兆4000億円の経済効果」と告げられると、実際にその金額が取引されると認識してしまうと考えられます。この認識は容易に、「カネが動く」のだから「景気がよくなるに違いない。私の生活はいまよりは豊かになる」との連想を生み出します。「維新はよくやっている」と大阪で維新が支持されるのは、おおむね、このような「連想」によるものと考えられます。有権者からすれば、第三者から「それは違いますよ」と指摘されても、自らつくりだした幻想なので、その幻想に固執してしまうでしょう。おそらく、大阪で維新が支持される根拠は、このあたりにあるのではないでしょうか。

必要なのは大阪の産業構造に合わせた中小企業支援

以上に述べてきたのは、政治的な意思決定に対して合理性を確保するために、経済効果論が用いられているということです。「これだけの売上があるのだから、やらない道理はない」という維新の主張が、大阪府内にマスコミを通じて広く伝わるのです。

意外に思われるかもしれませんが、大阪の産業構造を調べると、大阪経済に特別な特徴を見いだすことはできません（図表3）。

大阪の産業構造は、全国の平均値とほぼ同じです。ただし、中小企業の町だけあって、製造業の比率が全国平均よりも2ポイントほど高いという特徴があります。このことが意味するのは、トヨタを擁する中京経済なら自動車関連産業に力を入れることで、経済効果が期待できますが、大阪経済は産業構造が平均的で、地域経済を底上げするような主要な産業にも恵まれていないため、「選択と集中」という経営戦略がうまくいかないということです。また、中小企業の割合が高いのは事実ですが、堺の中

産業大分類	大阪府		東京都	神奈川県	愛知県	全国	
	事業所数	割合（%）	事業所数	事業所数	事業所数	事業所数	割合（%）
全産業（民営）総計（事業内容不明を含む）	472,141		804,332	339,855	339,199	5,862,429	
全産業（民営）	377,959	100.0	616,002	280,687	295,277	5,078,617	100.0
農林漁業	357	0.1	577	746	1,042	41,891	0.8
鉱業・採石業・砂利採取業	13	0.0	71	23	68	1,888	0.0
建設業	27,166	7.2	41,197	28,937	27,177	483,649	9.5
製造業	**38,727**	**10.2**	**38,174**	**17,121**	**32,538**	**410,864**	**8.1**
電気・ガス・熱供給・水道	344	0.1	823	252	437	9,192	0.2
情報通信業	6,855	1.8	28,065	4,877	3,911	75,775	1.5
運輸・郵便	10,051	2.7	13,327	7,636	7,609	128,248	2.5
卸売業・小売業	**87,771**	**23.2**	**137,110**	**59,517**	**68,627**	**1,200,507**	**23.6**
金融・保険	5,376	1.4	11,988	3,745	4,781	83,332	1.6
不動産・リース	36,037	9.5	63,759	28,527	20,150	372,350	7.3
学術研究・専門・技術サービス	21,418	5.7	50,367	15,342	15,085	249,188	4.9
宿泊・飲食・サービス	**43,341**	**11.5**	**73,086**	**31,377**	**32,891**	**578,342**	**11.4**
生活関連サービス・娯楽	26,484	7.0	42,886	22,508	23,626	428,023	8.4
教育・学習支援	11,491	3.0	18,988	10,969	10,966	160,352	3.2
医療・福祉	**37,815**	**10.0**	**52,143**	**31,094**	**24,723**	**459,656**	**9.1**
複合サービス事業	1,370	0.4	1,725	1,067	1,355	32,672	0.6
サービス業（他に含まれない）	23,333	6.2	41,706	16,949	20,291	362,688	7.1

図表3　大阪の産業構造

出典）総務省「令和3年経済センサス－活動調査　速報集計」

小企業の多くが大企業の下請け企業であるのに対し、東大阪の中小企業は独立性が高いのが特徴です。よく「東大阪なら業種の多様性を活かしてロケットをつくれるが、大企業の下請け系列にある堺では、そうはいかない」と言われるのは、このためです。さらに、八尾や平野（大阪市南東部）のプラスチック金型製作の中小企業群は、シャープ、パナソニック、三洋など家電メーカーの衰退の影響を受けて、１９９０年代には多くの企業が倒産し、大きな打撃を受けました。つまり、中小企業を支援すると言っても、企業との取引内容など、それぞれの状況に合わせた具体的な支援が必要だということです。

大阪経済低迷の真の原因は市民・府民の低収入

大阪経済が低迷している原因は、日本経済の低迷と同じように、労働者の賃金が低いことが消費の低迷につながっているからです。ここ10年間で大阪府民の所得は減り続け、現在では全国18位です。伸び率は全国38位で、全国平均を下回っています。卸売業・小売業が全体の４分の１近くを占めているため、これらの業種を活性化させることが、大阪経済を立て直すための鍵となります。そのためには、府民・市民の収入を増やす政策が不可欠です。

にもかかわらず、維新の会による府政・市政は、「集客産業を活かした地域経済の活性化」を目標としています。１９９５年に就任した磯村大阪市長は、「産業の空洞化は避けられない。大阪経済を活性化させるには、集客産業に力を入れるべきだ」と市政の方針を述べました。それ以来、集客産業の育成は、大阪市政の中心的な課題となってきました。ちょうどその頃、地方財政にも「選択と集中」という考え方を取り入れる動きが広がり、結果として30年以上もの間、効果が出ない政策が続けられてきました。にもかかわらず、維新の会による府政・市政は、夢洲万博やカジノ誘致を進めることで、地域経済の低迷をさらに悪化させています。このことは大阪府、大阪市の税収の推移（図表4）からも明らかです。

また、維新の会による府政・市政は、市内に立地している大阪の市立高校を府立に移管し、私立高校の授業料を無償化

	法人府民税		法人事業税		合計（法人二税）		法人市民税（大阪市）	
	百万円	指数	百万円	指数	百万円	指数	百万円	指数
平成16（2004）年度	813,802	87.2	353,406	82.7	1,167,208	85.7	130,904	85.4
平成17（2005）年度	883,267	94.6	394,151	92.2	1,277,418	93.8	139,841	91.2
平成18（2006）年度	1,028,683	110.2	450,590	105.4	1,479,273	108.7	169,823	110.7
平成19（2007）年度	1,043,969	111.8	460,252	107.7	15,047,221	110.5	171,539	111.9
平成20（2008）年度	933,706	100.0	427,470	100.0	1,361,176	100.0	153,346	100.0
平成21（2009）年度	638,380	68.4	230,193	92.2	868,573	63.8	105,287	68.7
平成22（2010）年度	692,195	74.1	192,501	405.4	884,696	65.0	109,551	71.4
平成23（2011）年度	744,407	87.7	192,669	107.7	937,076	68.8	117,436	76.6
平成24（2012）年度	760,882	81.5	210,026	100.0	970,908	71.3	119,420	77.9
平成25（2013）年度	784,065	84.0	225,861	53.9	1,009,926	74.2	126,307	82.4
平成26（2014）年度	848,562	118.2	242,862	45.0	1,091,424	80.2	135,979	88.7
平成27（2015）年度	753,775	80.7	292,162	45.1	1,045,937	76.8	132,907	86.7
平成28（2016）年度	686,820	84.5	337,956	49.1	1,026,776	75.4	123,566	80.6
平成29（2017）年度	718,197	76.9	350,343	52.8	1,068,540	78.5	132,289	86.3
平成30（2018）年度	767,371	82.2	363,412	56.8	1,130,783	83.1	139,784	91.2
令和元（2019）年度	815,611	87.4	386,789	68.3	1,202,400	88.3	150,848	98.4
令和2（2020）年度	539,100	57.7	360,215	79.1	899,315	66.1	112,248	73.2
令和3（2021）年度	479,257	51.3	402,161	94.1	881,418	64.8	109,207	71.2
令和4（2022）年度	493,518	52.9	441,843	103.4	935,361	68.7	116,429	75.9

図表4　大阪府、大阪市の税収の推移

出典）大阪府市・財政統計書

することで、教育条例にある「定員に満たない学校」を意図的に生み出して、府立高校を廃校にしようとしています。これらの施策を通して生み出された大阪市内の優良な土地を不動産業者に売却し、タワーマンションを建設させ、人口流入の増加を維新市政の「成果」としてアピールしています。

この過程で二極化が進みつつも、大阪では建設・不動産業者には潤いがもたらされています。インバウンド需要に支えられた飲食・宿泊業者も含め、「大阪の成長を止めるな」という主張は、一部の有権者にとっては確かな「事実」として受け止められていると考えられます。このことが、維新を支持する根強い層を形成している要因の一つと言えるでしょう。

「経済効果」の巧みさは、「真実」と「虚構」との〝サンドイッチ構造〟をつくりだしているところにあります。先に示した「万博開催（愛・地球博相当）による経済波及効果（府内）」（図表2）は、「標準試算」・「オプション試算」・「標準＋オプション試算」から構成されています。「標準試算」は、愛知万博での実績データと産業連関表から得られた係数を乗じて試算されています。ところが、「オプション試算」は、「想定入場者数」と「1人の人物が1年間に費やすであろう費用」と「そのことを継続する年数」という3つの架空な数値に基づいて試算されています。さらに、ここから得られた数値が再び、産業連関表に移しかえられて、経済波及効果が算出されています。「真実」・「虚構」・「真実」の〝サンドイッチ構造〟であると言えるでしょう。

万博で潤うのは建設、交通、宿泊だけ

図表5は、UFJ総研が「できるかぎり正確に経済効果を測定したい」との目的で作成された愛知博覧会での経済効果です。

これをみれば一目瞭然です。博覧会イベントの経済効果とは、建設需要に加えて、イベントに参加可能なエリアが生み出す交通費・宿泊費に過ぎないことがわかります。

「経済効果」測定におい

単位：億円（2000年価格）

27部門産業分類	建設関連		運営関連	来場者消費									
	中部		中部ほか[1]	北海道	東北	関東		中部	近畿	中国	四国	九州	沖縄
	ケースⅠ	ケースⅡ				内需	輸出						
農林水産業			1	0	0	0	0	75	0	0	0	0	0
鉱業				0	0	0	0	20	0	0	0	0	0
食料品・たばこ			4	0	0	0	0	392	0	0	0	0	0
繊維製品				0	0	0	0	86	0	0	0	0	0
製材・木製品・家具				0	0	0	0	35	0	0	0	0	0
パルプ・紙・紙加工品				0	0	0	0	13	0	0	0	0	0
化学製品				0	0	0	0	36	0	0	0	0	0
石油・石炭製品				0	0	0	0	0	0	0	0	0	0
プラスチック製品				0	0	0	0	138	0	0	0	0	0
窯業・土石製品				0	0	0	0	17	0	0	0	0	0
鉄鋼製品				0	0	0	0	0	0	0	0	0	0
非鉄金属製品				0	0	0	0	0	0	0	0	0	0
金属製品				0	0	0	0	40	0	0	0	0	0
一般機械				0	0	0	0	0	0	0	0	0	0
電気機械				0	0	0	0	2	0	0	0	0	0
輸送機械				0	0	0	0	0	0	0	0	0	0
精密機械				0	0	0	0	31	0	0	0	0	0
その他の製造業				0	0	0	0	0	0	0	0	0	0
建築・建設補修	1,781	1,781		0	0	0	0	0	0	0	0	0	0
公共事業	25,415	1,875		0	0	0	0	0	0	0	0	0	0
その他の土木建設	1,205	1,205		0	0	0	0	0	0	0	0	0	0
公益事業				0	0	0	0	0	0	0	0	0	0
商業			5	0	0	0	0	274	0	0	0	0	0
金融・保険・不動産				0	0	0	0	0	0	0	0	0	0
運輸			43	94	41	338	84	986	110	47	23	54	7
サービス			2,038	0	0	0	0	1,876	0	0	0	0	0
その他				0	0	0	0	0	0	0	0	0	0
合計	28,401	4,860	2,091	94	41	338	84	4,021	110	47	23	54	7

（注）運営関連の最終需要のうち、イベント参加者の交通（運輸）に関する最終需要は、参加者の居住地別に各地域に割り振られている。

図表5　愛・地球博の経済効果

出典）UFJ総研、2005年日本国際博覧会協会「愛・地球博の経済効果に関する評価報告書」

て確実なのは、イベント関連の建設需要だけであると言えるでしょう。しかも、大阪・関西万博では、周辺地域から会場へのアクセス確保という名目で、なんと9兆7000億円もの道路建設予算が計上されているのです。

懸念される深刻な自治体財政危機

万博会場である夢洲は、産業廃棄物（有害物質を含む）、建設残土・浚渫《しゅんせつ》土砂を素材に埋め立てられました。工業地、準工業地として活用する計画であったので、「カジノを含む統合型リゾート」なる商業地向けの護岸設計にはなっていません。もちろん、万博用地やカジノ用地には、電気、上下水道、ガス、通信設備は存在していなかったのです。ですから、万博の建設工事では建設作業員の飯場もつくれず、昼休みの食事も30分以上かけて島内唯一のコンビニへの買い出しとなりました。おまけに、埋立に用いられた建設残土も浚渫土砂も、大阪の地質条件ゆえに、メタンガスの発生源となり、案の定、爆発事故も発生しています。

マスコミで報じられる万博関連費用は、パビオリンの建設費が主な費用となる会場整備費と（約2350億円を国・自治体・企業で負担）と運営費（1160億円を協会が負担。チケット収入で賄う）がほとんどです。大阪府市で会場整備費を約900億円負担することになっています。

また、チケットの平均価格を1枚6000円とすれば、協会にとっては1930万枚（集客目標の

70％）が損益分岐点となります。その目標が達成されないときに発生する損失を、誰がどのように負担するのかは、そのときどきの事情によることになりますが、国も企業も負担する意志はありません。

最終的には、会場を夢洲に決定したのは松井知事（当時）ですから、国や企業は大阪府に負担を求めると思います。だが、大阪府の財政は、単年度収支で今後、２００億円から７００億円もの不足が生じると推計されており、財政調整基金の残高も約１５００億円であるので、財政に余裕はないとみてよいでしょう。いまでも、大阪市の介護保険料は日本一の高さです。このうえ大阪市の財政負担が重くなれば、市民の生活水準の引下げはまぬがれないでしょう。

ところが、先に述べたように、インフラの整備費９兆７０００億円については、国・自治体・民間の負担内訳は公表されていないので、大阪府市が負担する金額が定まってはいません。万博が終了して〝決算書〟が作成されなければ、どのような負担を府民・市民が担わなければならないのかは、定かではないのです。

万博後、大阪はいったいどうなってゆくのか

大阪観光局の、「ＭＩＣＥを核にした地域活性化に情熱を燃やす」田中嘉一・ＭＩＣＥ政策統括官兼万博・ＩＲ推進統括官は、「われわれは観光スポットの宣伝屋ではなく、街づくりの専門家をめざ

す」といいます。そのもとで、大阪観光局は、「目指すべき都市像」を8つの分野と21の言葉で具体的に表しています（図表6）。要約すれば、「大阪は、いろんな人が集まって、それぞれが自分の才能を活かし、新しいものを生み出せる、持続可能な国際的な街を目指す」というものです。

具体的なイメージで示せば、以下のようになるでしょう。

- 体験できることがたくさんある街：美味しい食べ物、楽しいイベント、芸術、スポーツなど、五感で楽しめるものがたくさんある街。
- 世界中の人々が集まる街：いろんな国の人々が集まって、新しい文化や考え方が生まれる国際的な街。

世界が憧れる「住んで良し、働いて良し、学んで良し、訪れて良し」の
世界最高水準、アジア No.1 の国際観光文化都市へ

体験・感動	● 多様な食事、エンタメ、歴史、文化・芸術、レジャー等が楽しめるアミューズメント都市 ● 様々なプロスポーツ観戦が楽しめる都市 ● 世界中の芸術家等が集まる文化・芸術都市 ● 面白いイベントを行う人が集うイベント都市 ● 世界中の富裕層を楽しませる特別な体験を提供する都市	元気・活力	● 緑や花がそばにある、癒しのある都市 ● スポーツが盛んで、健康と生きがいを享受できる健康増進都市 ● 世界中から優秀な人材が集まり、事業を起こし、雇用と富が生まれるビジネス都市
夢・希望	● 世界水準の MICE 施設を持ち、多数の MICE が開催され、人・モノ・情報が集まり、イノベーションと新しいビジネスが生まれる都市 ● 持続的かつ健全な経済発展があり、多くの人が余暇を楽しめる都市 ● 再チャレンジを受け入れる都市	多様性 共生・平等	● 様々な価値観を受容し、共存共栄する都市 ● 旅行者、留学生など来訪者を歓迎し、彼らが快適に滞在できる都市 ● 弱者を助け、共に支えあう都市 ● 日本中の各地方都市に送客し、地方都市とともに栄える都市
復活・対応力	● 困難から迅速に復活し、変化に柔軟に対応する人々が集まる都市	安全・安心 清潔・健康	● 身の危険や感染症のリスクが低く、快適に過ごせる都市
分散	● 特定の時期や場所に集中しない、多様な休暇の取り方とコンテンツが享受できる都市	環境・みどり	● ゼロカーボン社会の実現 ● 地球温暖化の抑制 ● 生態系多様性の維持

図表6　大阪観光局が目指す都市像と8つのキーワード
出典）大阪観光局「大阪観光局の未来ビジョン」

・新しいアイデアが生まれる街：大きな会議やイベントが開かれ、新しいビジネスや技術が生まれる街。
・みんなが成長できる街：失敗してももう一度挑戦できる、誰もが自分らしく生きられる街。
・みんなが助け合う街：いろんな人が一緒に暮らし、お互いを尊重し合う、共生の街。
・環境に優しい街：地球環境を守り、未来の子どもたちにも良い環境を残す街。

２０２５年1月に大阪・関西万博が閉幕したあとの会場跡地活用案が公表されました。大阪市が公表した募集要項には「応募する企業は、別の提案をするグループの構成員にはなれない」とする「複数応募の禁止」がありましたが、大阪府・市が選定した2つの民間事業者グループの提案には、関西電力と系列企業が、それぞれ参加していることが明らかになりました。

しかも、その計画たるや「大型アリーナやサーキット場」と「ウォーターパークを含むリゾート施設」。不等沈下が避けられない土地に「サーキット場」とは無謀です。いつなんどき、どこに凹みが生じるのか、予測できません。にもかかわらず、大阪観光局は、一度は断念（２０２２年）した夢洲での「F１開催」をめざして、「大阪モータースポーツ推進協議会」をたちあげました（２０２４年11月）。

そもそも夢洲という土地は、利用計画の実現性に大きな疑問符がつく要素が数多く含まれています。このような状況をふまえると、集客施設の建設にこだわりつづける行政の姿勢を糺さなくてはなりません。

おわりに

大阪・関西万博は、夢洲を会場としたがゆえに、無理のうえに無理を重ねた事業なので、台風襲来による被害、メタンガスの爆発やその他の有毒ガスの噴出、大屋根への落雷、アクセスの限界を無視した幼児・児童・生徒の動員、救命緊急搬送時のアクセス困難、処理能力を超えた下水処理、給水設備の不備と、ざっと数え上げただけでも、これだけの懸念材料があります。これに地震リスクが加わります。

南海トラフ地震のみならず、能登半島沖地震で注目を浴びた海底断層が、武庫川の河口から淡路島に沿って、数十㎞も走っています。この存在が明らかになったのは２０１２年のことなので、研究もなかなか進んではいません。もしここが動くようなことがあれば、５分とか15分という短時間で津波が夢洲をめがけて襲ってくることになります。

兵庫県の防災計画では、この大阪湾海底断層の存在を認識しているのに対し、大阪府の防災計画では、上町断層の影響が考慮されていませんし、大阪湾海底断層については、「ないこと」になっています。

無理のうえに無理を重ねた集客イベント計画は、行政として行うべきではないし、事故の懸念も完全には払拭されていないのですから、中止すべきなのです。

PART.3

工事現場に重ねて見える、閉幕後の壮大な廃墟

ルポ

ジャーナリスト
西谷 文和

25年1月12日（日）、私はおおさか市民ネットワーク代表の藤永のぶよさん、映像写真家の佐々木芳郎さんとともに夢洲を訪れた。地下鉄中央線が夢洲駅まで延長されるのが1週間後の19日。新駅開業に伴い、この日にドローン撮影が禁止されてしまう。なので本日のドローン空撮が最終になる。表向きの理由は「夢洲駅周辺の歩行者にドローンが落下したら危ない」とのことだろうが、本音は「開幕までにパビリオンが間に合わない状態を空から撮影されたくない」のだろう。沖縄県名護市沖の辺野古新基地建設現場でドローンが禁止になったように。

まずは柵に囲まれた夢洲駅前へ。出来立てほやほや、ピカピカのエスカレーターが見える。反対側に目を転じると、そこには巨大な万博東口ゲート。この東口ゲートを望む駅前広場から佐々木さんがドローンを飛ばす。私は地上から望遠で木造リングを撮影。「穴、空いてるやろ、グサグサやで。貫構造って言うから柱と柱がピシッとつながってるのかと思ってたけど」。藤永さんが大屋根リングの貫構造部分を説明してくれる。吉村知事は「清水寺と同じ、伝統建築です」と胸を張っていたが、似て非なるもの。柱と柱の繋ぎ目部分はボルトとネジで補強されている。

藤永のぶよさん（右）と佐々木芳郎さん

約30分の空撮が終了、佐々木さんに感想を尋ねる。

「前回の24年12月1日に比べて、驚くべきスピードで建設が進んでいます。ざっと見た感じ、9割方完成してますね」。人材と資材を集中させて、突貫工事を行ったようだ。同行の藤永さんは、「大屋根リングをざっと見たけど、多数のボルトを使ってます。これはある意味悲劇。6か月で万博が終了すると、あれは解体せなあかん。あのボルトを抜くのにかなりの手間とカネがかかるよ」

そう、リングの総経費は344億円と発表されているが、果たして解体費用は含まれているのか？　東京オリンピック同様、閉幕後に「意図的に隠されていた赤字」が次々と発表される事態になるのではないか？

「こんなにスピード感あふれる工事ができるのであれば、なぜ能登でやらないのか。人材と資材を被災地へ向けるべきだった」。佐々木さんが憤る。「まだ奥能登では水道も復旧していないのよ。維新は能登の子どもを万博

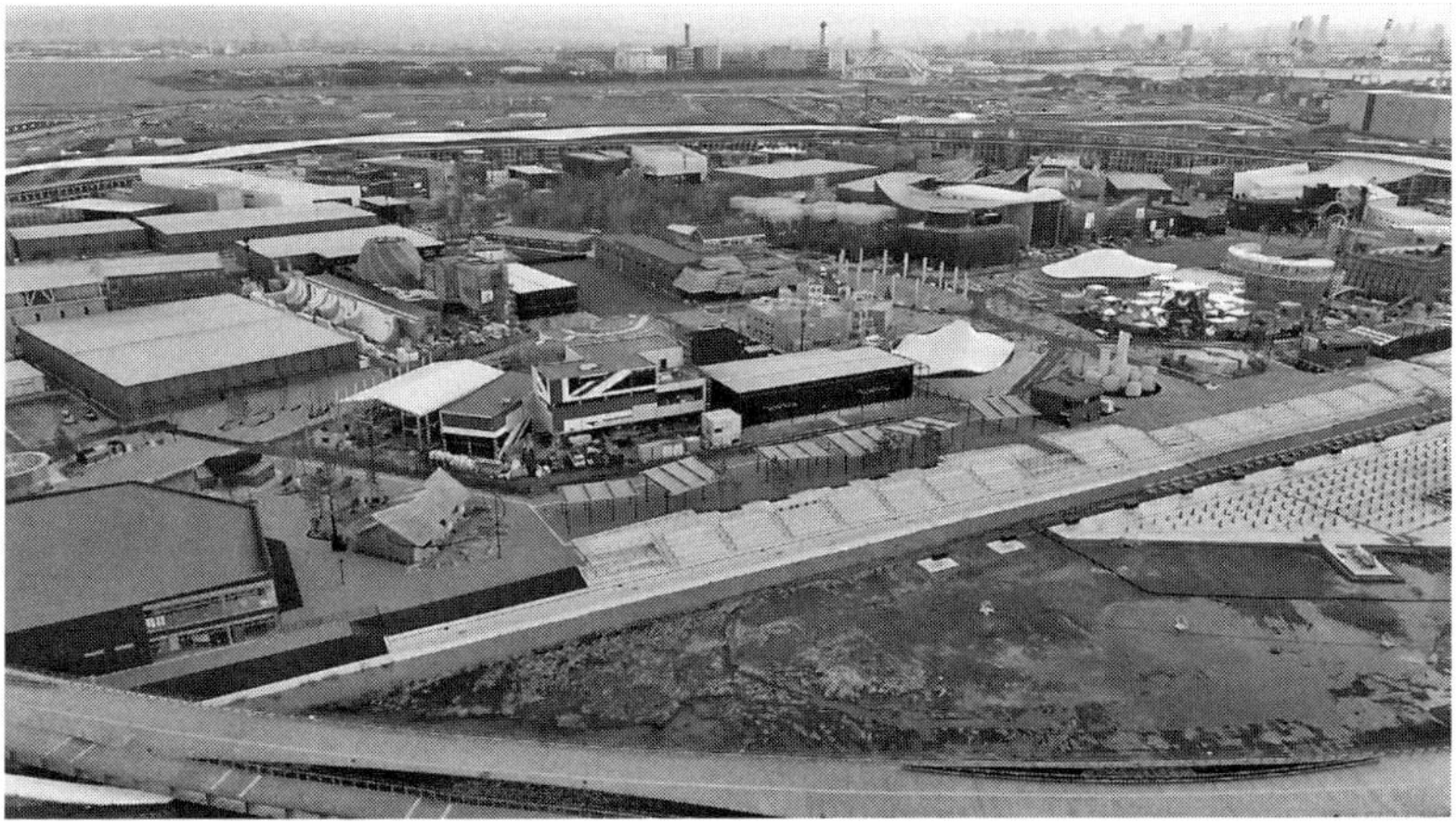

開幕3か月前の現場をドローン撮影（写真提供 佐々木芳郎）

に招待する、と予算を組んだ。そんなお金は直接、能登に渡すべきよ」。隣で藤永さんが怒りの解説。

では駅前広場から会場に近づいてみよう。フェンスに沿って万博外周道路を歩く。巨大な東ゲートに近づく。地下鉄で来た来場者はここをくぐり、シャトルバスで来た人は西ゲートから入ることになる。10分程度歩くと、北3ゲートという仮設の入り口に到着。これは現場労働者がトラックで会場内に入る臨時のゲート。ゲートの前には不法侵入者を取り締まる警備員さんがいて、「顔認証車両」の看板がある。現場労働者の生体データがすでに登録されているようだ。さらに数分歩くと「大阪ヘルスケアパビリオン」の裏手に出る。

北3ゲート前に「顔認証車両のみ通行可」の看板があった。

右手の白い建物は大阪ヘルスケアパビリオンの倉庫か？

「佐々木さん、あの白いプ

レハブはなんやろ?」パビリオンとプレハブが連結している。「あれは倉庫と違いますか?　来場者にサプリを配るって言うてるから」。そうか、あそこに小林製薬・紅麹サプリメントが(笑)。来場者は「カラダ測定ポッド」に入らされて、血管や肌、髪、脳など7項目の健康データを盗まれた上に、毒か薬かわからない機能性表示食品を食べさせられることになる。森下竜一と維新が進める「エセ健康ビジネス」の象徴が、入場してすぐのところに鎮座している。

さらに進むと北2ゲートの看板とその横に「OBAYASHI」と書かれた自家発電機。大屋根リングは3分の1、つまり120度ずつ清水建設、大林組、竹中工務店が分担して建設した。ここは大林組の担当工区なのだ。無人島には電気が来ていなかったので工事中は発電機が必須。飯場は遠いし、冷房も日陰もなし。現場労働者は大変だったろうな。リングをアップで撮影。藤永さんの言うとおり、柱と柱の間に肉眼でも分かる穴、そし

大屋根リングのあちこちに見えるボルト

てあちこちにボルト。

「昨年暮れに（24年11月）、国会議員の視察に同行して、この北2ゲートから入場したの。階段で上がる前にトイレを撮影しようとしたら、協会の人から『トイレは撮らないで』と言われてん。でもね、あっ、もう撮ってしもた（笑）」

おかしな話である、視察に来た人に対して、それも国会議員を含む一行に対して「写真を撮るな」。よほど隠したい何かがあるのか？

「アップで見たらよーわかるやろ。あれは一本の柱と違う。『集成材』といってベニヤ板の親玉（苦笑）や。ノリでつけてるから、雨に当たるとカビが生えて腐ってくるねん。ところどころ色が違うやろ」。藤永さんが言うようにもう半年近く雨にさらされているから変色しているようだ。このリングは万博終了後、売りに出すとのこと。穴が空いた柱で、ベニヤ板の親玉、さらにカビが生えて変色しているような木材を誰が買うのか？

2024年11月に国会議員の視察団が入ったゲート

案の定、再利用は全体の4分の1にとどまり、手を挙げた業者の入札額は「ほぼ無料」（苦笑）。しかも撤去なら機械でできるが、リサイクルなら人の手で丁寧に解体なので、余計にカネがかかる。

大屋根リングから道路を挟んだ対面、つまり夢洲3区ではＩＲカジノ工事が進んでいた。「これ、貴重な写真になるよ。開幕したらここは高さ4ｍの壁で囲まれて、見えないようにされるから」。24年8月、万博協会会長の十倉雅和、パリ国際事務局のケルケンツェス事務局長らが「万博期間中はＩＲ工事を止めてくれ」と要請。

カジノ用地にクレーンなどが並ぶと「イメージが損なわれる」との指摘に、慌てたのが吉村。ただでさえカジノ業者が逃げていきそうなのに、工事が遅れれば契約解除の危機だ。「塀で囲みますから」大阪府市がお願いした結果、さらに税金が注ぎ込まれて「目隠し」が作られることになった。アホの極み。

ＩＲカジノ予定地の夢洲3区にはかつて巨大な池があ

隣ではIRカジノ工事中。万博期間中は壁で囲われて隠される。

り、水鳥の楽園だった。「コアジサシやセイタカシギなどの貴重な飛来地、営巣地です。埋め立てないでください」。大阪野鳥の会の切実な訴えを無視して、多額の税金を突っ込んだ工事が続行中。水辺や干潟は生物多様性にとって最も大事な場所だ。そこを埋め立てて博打場を作る。「いのち輝く未来社会のデザイン」。もし世界にブラック

写真中央の鉄くずはボーリング調査用鉄塔の残骸か？

ブルドーザーの背後に積み上げられた土砂の山

ジョーク大賞があれば、きっと万博が優勝する。

工事現場に錆びた鉄屑のかたまりが捨ててある。21年12月松井一郎は「夢洲3区の汚染と液状化対策に790億円が必要」と、大阪市の税金で土壌改良工事を強行した。だからここにはボーリング調査の鉄塔が建っていた。あれは鉄塔のなれの果てではないか？　確かにこれは隠したくなる。「万博会場のイメージが悪くなる」のに加えて「世紀のアホ政治」の結果も隠したくなったのだろう。黄色いブルドーザーの背後に積み上げられた土砂。せっせと埋めて固めても、雨が降ればドロドロ。埋めては緩み、埋めては緩む。土木業者、土砂運搬業者しか喜ばないアホ工事はタックスイーター（税の大食い）の典型だ。

「高速道路の取り付け工事に75億円、外周道路19億円、駅前施設41億円、下水道65億円……」。藤永さんが夢洲駅を背景に経費を読み上げていく。夢洲のインフラ整備だけで、全部で2000億円の工事。万博は半年で終わる。70年万博の跡地は公園になり、太陽の塔が残った。ここは無

夢洲駅を背景に無駄を読み上げる藤永さん

人島。地下鉄には誰も乗らず、レガシーも残らず、おそらく夢洲全体が廃墟になる。リングやパビリオン、カジノ工事を目の当たりにして、アホ祭りは壮大な無駄遣いである、と確信した。この事態を招いた責任者を逃してはいけない。終了後にきちんと責任を取ってもらう大運動が必要だ。今からその準備をしておこう。

第2部

まだまだ続く問題追及

PART. 4

人間の尊厳を軽視して突き進む無責任万博

対談 建築家 山本 理顕

※この対談は2024年11月1日に行われました。

大屋根リングのアイデアはあの安藤忠雄なのか？

――今回のテーマは「建築家が斬る、大阪失敗万博」です。私はずっと「この万博は失敗するだろう」と言い続けていますが、理顕さんは「この万博は無責任でもある」とおっしゃっています。確かに松井一郎は、万博開催前にピューと逃げて（笑）、吉村知事は「空飛ぶクルマがぐるぐる飛び回っています」「イソジンがコロナに効くのではないか」（笑）など無責任なコメントを連発。このラジオでは主に「政治家の責任」を追及してきました。理顕さんがおっしゃるのは「建築家の責任」

山本理顕　はい。今回の大阪万博で特徴的なのは、「誰が責任者なのか、まったく分からない」ということです。たどっていくと、みんないなくなっちゃう。

――戦争責任と一緒。

山本　似ています。戦争責任をたどっていくと天皇にいくのかなぁと思っていると、そうでもない。

――東條英機だけでもない。

山本　誰が責任者か分からないまま、戦争が続行されていく。

――最後は一億総懺悔。みんなが悪かったのか？

山本　国民は懺悔する必要、まったくなかった。軍部が戦って負けたんだから。だから軍部のあなたたちが悪かったんでしょ?って話なのに。

――国民の中には戦争に反対して捕まった人もたくさんいましたから。

山本　軍部が国民に謝るんだったら分かりますが、軍部が天皇に懺悔するときに国民も一緒に謝れって、訳が分からない話です。万博はこれと同じ構図です。責任者が誰か分からないまま始まる。そして誰か分からないまま終わる。

――最後は税金で埋める。

山本　この構図は、行政が独裁的になったときに起こります。行政判断をしているのが誰か分からないというのは意図的なのです。戦時中は形の上では天皇でしたが、その側近たちが天皇の名を利用しながら無責任な状態を作るわけです。

――その上で突っ走る。満州事変がそうですね。

山本　はい。だから今回も意図的です。

――万博協会、つまり十倉雅和会長なのか、吉村知事なのか、まったく分からない。

山本　（建築家で大屋根リングを決めた）藤本壮介に会って「責任はどこにあるのですか？」と聞いたら「万博協会じゃないですか」という答え。自分が設計者だと一方で言いながら、設計契約はしていない。

――藤本壮介は344億円の大屋根リングの設計者ですよね？

山本　設計者ではなく会場デザインプロデューサーです。今西谷さんがおっしゃたように、いかにも藤本壮介がリングを考えて、設計したかのように見えるでしょ？

――そう報道されてたと思います。

山本　自分でも、そう言っています。「設計した」と。でも結論から言えば、設計は「東畑・梓設計共同企業体」です。「リングのアイデアは自分だ」と藤本さんは言っていましたが、藤本さんをプロデューサーにしたうえで世界一の木造建築などという乱暴なアイデアは安藤さんだと思います。

――超有名な建築家の、あの安藤忠雄が？

山本　当初の会場計画が地味だった、シンボル性がなかったんです。万博がパリの会議で大阪に決まるとき、ビッド・ドシエという立候補申請書、つまり「こんな会場でこういう企画です」というものを見せる。このときの案は「中心がなくて自由な会場です」だった。

――大屋根リングはなかった？

山本　ありません。自由な、水と陸が混ざり合った、かなり面白い計画だと思いました。この案を設計したのは豊田啓介さん。フランスではその会場イメージ図を出した。この人は安藤忠雄建築研究所の元スタッフで、東大でも「安藤研究室」にいました。この頃安藤忠雄は日本中から大評価をされていて、東大の教授にもなっていました。

――東京オリンピックでもザハ案が選ばれた新国立競技場コンペの審査委員長でしたね？

設計者を選定するプロセスからして不透明

山本　学生たちも憧れて安藤建築研究所にいく人はかなりいたんです。この豊田さんが会場設計をしたのですが、一般の人から見ると、その良さがあまりよく分からないんじゃないかなぁ、と安藤は思ったのでしょう。それで木造リングを。ちょうどあのとき貫構造（貫工法）が流行り始めたんです。ブレース工法といいます。柱と梁が縦横だけでは無理。マッチ箱の表側だけ取り出して横に倒すとペタッとなるでしょ。だからブレース、斜め材がいる。構造壁といいますが、斜めの材料を所々に入れることによって、建物は成り立つ。木造、鉄筋に限らずあらゆる建築物には斜め材、あるいはそれに代わる部材が入っています。

――ではなぜ貫工法は持つのですか?

山本 日本の伝統的な工法で、確かに斜め材は入っていない。「何で持っているんだ?」と改めて注目されて、建築家の間でもきちんと究明したい、という流れがありました。佐藤淳さんという東大の准教授と、安原幹さん、日野雅司さんという3人の建築家が研究を重ねて、岩手県大船渡市の消防署を「貫工法で提案しよう」と、コンペに参加したのです。

大船渡市は木材で栄えた街、地域住民も「震災復興を木材で」という思いがあったのでしょうね、これが実現するのです。今までは宮大工さんの蓄積された知識と経験によって建てられていたものが、コンピューターを駆使した計算によって実現しました。佐藤淳さんは実物大の模型を作って、揺らして、数値をデータで取って、「どこまで斜め材を入れないで作れるのか」を調べ上げたのです。市役所側からも建築確認申請で「これで作っていいですよ」と許可をもらってね。

ちょうど貫構造が注目されていた頃に大屋根リングのアイデアが出てきたんです。たぶん、安藤さんも藤本さんも「貫構造でリングを作ればシンボリックな会場計画になる」と思って決めたのだと思います。藤本さんは「万博協会の役員たちの前で丸い輪を描いて説明したら、いつの間にかプロデューサーになってた」と言ってました。

――いつの間にか(笑)決まった。

山本 なぜ自分が選ばれたのか分かりません、とも言ってました。

――でも３４４億円もかけてあのリングを作った責任者ですよね？

山本　いや、責任者ではないのです。リングの基本設計に関してはプロポーザル（提案型入札）というコンペで決まりました。藤本壮介はこのコンペの審査委員になって、リングのプロポーザル案を決める側にいたのです。本来なら自分で設計すべきところを、プロポーザルにして他人に任せたのです。そして、そのプロポーザルというのがまた、いいかげんなコンペ形式なのです。

――本来は経費と建築物のバランスを考えないといけないのに。

山本　国土交通省が編み出した、あまり良くない方法ですが、Ａ３用紙1枚くらいの紙に簡単な表現で設計者を決めようとするアイデアです。これはとても問題の多い決定方法で、むしろ「主催者の望む人が選ばれてしまう」方式になりがちです。詳細に描いてはいけない。今はこのプロポーザル方式が主流になっています。

――税金で作るリングですから、しっかり審査してほしいですよ。

山本　当然しっかり審査しなくちゃいけない。しかし簡易な方法で選んでしまったのです。基本設計候補社として5社が呼ばれました。ところが、どうしてこの5社を選んだのか、どこにも書かれていない。

――数多ある設計事務所、でも選出理由はない。

山本　初めからリングの形は決められていました。今と同じ形で「ドーナツ状の敷地の中に作りなさい」という不自由なコンペです。藤本さんが全責任を持って自分で設計しなくてはダメですよ。

――つまりパビリオンも内側へ、ということがあらかじめ指示されていた。

山本　大屋根リングと同じ形の敷地を与えられて、「ここに設計しなさい」と。さらに「木造が望ましい」と書いてあったけれど「木造にしなさい」ではなかった。でも応募する側に立てば木造にしますよね。

――コンペに勝ちたいと考えます。

山本　中には木造だとお金がかかるので、鉄骨で出した人もいます。

――でもその人は落ちますね。

山本　はい。コンペに出た事務所の一人から手紙が来ました。ゲンロンカフェ（東京五反田のイベントスペース）で東浩紀の司会で、私と藤本壮介が話をしたのです。

――これ、今でもYouTubeに残っていますね。

山本　はい、残っています。この会に参加する直前に、川口衞さんという著名な建築構造家の事務所から手紙がきました。彼は70年万博の大屋根構造を受け持った、当時は新進気鋭の若手です。

――あの丹下健三さんが作った大屋根。太陽の塔が屋根を突き抜けていましたね。

山本　そう。あれがどうしてできたか？　川口衞という天才的な構造家がいて、ジョイント部分の新しい工法を発明したからなんです。その息子さんが今でも川口衞構造設計事務所として活躍されてまして。

――その方から手紙が？

山本　はい。「今回のプロポーザルで、なぜこのチームが選ばれたのか、まったく理由が分からない。公表されてもいない不透明なコンペだった」と。ついては「山本さんが、藤本さんと会われる、と聞いたので、そこを尋ねてほしい」。非常に憤慨した手紙でした。ですのでゲンロンカフェで説明を求めましたが、藤本からはまったく回答がなかった。

――回答する気がない、聞き流していた、と？

山本　ないのでしょう。それで「東畑建築事務所・梓設計」という連合チームが一等賞になったのです。双方とも立派な設計事務所なのですが、川口さんは「なぜ、一番になったのか分からない。私たちは鉄骨を使い、相当に安い値段の構造にした」とのことです。それが選ばれず、すべて木造の「貫構造という体裁のもの」が選ばれたらしい、と。

――デザインプロデューサーの藤本壮介に尋ねても、言葉を濁して答えなかった。ゲンロンカフェでの対談は2024年1月でしたから、すでに10カ月以上が経過しています。いまだに答えがない？

山本　はい。藤本さんは「自分が設計した、自分の責任だ」と言ってました。しかし責任者は「東畑建築事務所・梓設計」です。ここが詳細を決めていきます。材料も寸法もコンセプトも。その上で概算見積もりを出します。5社もそれぞれ出してきています。その中で万博協会が安くて合理的な案を選ぶはずなんです。その、選ぶ側の責任者が藤本さん。

――自分で作りました、と言ってる人が、自分で決めたわけですね。

山本　そうです。彼は審査員ですから。もし「自分がリングのアイデアを決めて、この条件で基本設計しなさい」というコンペなら、自身が審査するのも可能性としてはある。ところが実際は木造の敷地の形しか与えられていない。どこにもディテール、つまり詳細事項は書いていない。木造で円形というアイデア以外はすべて「東畑・梓」の設計です。契約も「東畑・梓」と万博協会が締結しています。どう考えても法的な責任者は「東畑・梓」です。

問題が起きた場合は彼らが責任を取らなくちゃいけない。ここには藤本壮介は一切関わっていない。しかし会場デザインプロデューサーとしての責任はあります。だからプロデューサーとして万博協会と契約した書類を見せてほしい、と尋ねましたがこれも見せてくれない。彼の責任がどこにあるのか、はっきりさせないまま、一方では「設計した」と言い、設計は「東畑・梓」に丸投げなんです。

——川口さんたちの提案の方が安かった。今では「344億円もする」と批判にさらされています。会場全体の建設費も上振れしてほぼ倍の2350億になっています。なぜか？　このリングの影響も大きかったと思います。

山本　そうです。それまでリングはなかったので。ゼロ円がいきなり344億円。

——それも、あえて高い方の案を選んでいる。

山本　たぶん、貫構造にこだわって、藤本さんが決めたのでしょう。5社の案の金額、「東畑・梓」の概算、などを見せてくれない。だから344億円の根拠がいまだに分からない。見積書が出てきていません。

——税金で作っていますから根拠と見積もりは見せてもらわないと。

山本　住民監査請求をすればいいと思います。

――理顕さんの「建築家の責任」という指摘は、私にとって目から鱗でした。万博が失敗しても誰も責任を取らない、逃げていく。この恐れが多分にありますね、今回は。

山本　博覧会って、中心は建築です。パビリオンを作って、それを見てもらう。今は映像の時代だと言っても、だからこそ余計に建築が重要なのです。

――はい、みんなそれを楽しみにやって来るし、未来にもつながる。

山本　海外のパビリオンは海外の責任で作られますが、日本側の建物はすべて税金で作られます。予算がいくらで、それに収まっているかどうか、選ばれた設計者はすべて説明責任があります。藤本壮介が答えないのは問題なのですが、もう一人の責任者は安藤忠雄です。彼がなぜ藤本さんをプロデューサーに引き上げたのか、万博協会がなぜ彼と契約したのか、どんな契約内容なのか、その情報が公開されていません。

――素人の私から見てますと、「万博誘致に成功した、維新はすごい」と言われているときに裏側で安藤がうごめいていた。しかし風向きが変わって「万博は大問題だ」と批判されるようになり、安藤が逃げて、藤本も窮地に陥りつつある。こんな感じですか？

会場デザインプロデューサー、藤本壮介の罪

山本　万博の会場プロデューサーに選ばれる、って大変名誉なことなんです。建築家にとって昔、丹下健三がそうだったように。

――はい、丹下健三さんって偉い人やなーって子ども心に思っていました。

山本　日本の歴史を作ってきた建築家。そんな人が選ばれています。藤本壮介はまだ若いし、彼のキャリアにとっても大変良かったことだと思います。

――今後のキャリアにも活かせますしね。

山本　しかし、なぜ選ばれたのか分からない。リングを作った、と言いながら丸投げしていますから、リング一つとってみても責任者が分からない。この説明責任を彼はまったく取る気がないと思います。

――理顕さんの質問にもまだ答えていない。

山本　ゲンロンカフェで対談したときは「ちゃんと説明します」と答えたんです。ところがその後何一つ連絡もない。ことの発端はたまたまツイッターで「藤本さん、ちゃんと責任取るべきでは？」と

つぶやいたら、藤本さんがツイッターで「山本さん、ちゃんと会いにいきます」と返してきた。「どうぞ来てください。お正月なのでお酒でも飲みましょうか」。それでお酒やワイン、つまみも用意して待っていたら、彼は手ぶらで来たんです（笑）。

私は先輩ですよ、コノヤローと思いましたが、まぁ気を取り直して「大変だね。何かあれば手伝いますよ」という話をしました。すると「全然困っていません。非常に楽しくやっております」。実は事務所のスタッフたちといろんなアイデアを話していたのです。たとえば会場を変えて、大阪の御堂筋案なんかも。

――御堂筋で万博。商店街にみんな、来てもらって。

山本　ちょうど2kmで、リングをまっすぐにしたくらいの長さ。

――そこに能登の名産品を並べたりしてね。

山本　御堂筋は今、通過交通路になってます。あれだけ道幅があると商業空間としてはうまくいかないのです。あそこをもう一度、商業空間として復活させるための万博なら、未来の大阪にとっていい起爆剤になるんじゃないかな、と思って。予算もすごく安く済むし、仮説の足場を組んでね。

――20世紀は車社会だった。道を広げてしまったので、人と人との触れ合いがなくなり、商店街も潰れてしまった。21世紀はもう一度、それを復活させていく。

山本　両側街と呼ぶのですが、商店街はすべて両側街です。

――はい、左に魚屋さん、右に八百屋さん。

山本　道幅が広くなってお店とお店が離れてしまうと両側街にならない。これまで名古屋などでも提案してきたのですが、御堂筋ならそれができるし、今からでも遅くない、安くて活気のある万博ができるよ、という風に言おうと思っていたら、聞く耳を持たない、という感じで。

――ピュッと帰ったのですか？

山本　酒だけ飲んで（笑）。ニコニコして帰っていきました。

そもそものコンセプトに潜む危険思想

――御堂筋案も、能登半島案も、そこに「地域住民の生活」を感じます。今回の万博、今でこそ「いのち輝く未来社会のデザイン」をコンセプトにしていますが、当初は「人類の健康・長寿への挑戦」だった。これは大変危険な概念だとおっしゃってましたね。

山本　「長寿への挑戦」は、まぁいいのですが「人類」と「健康」という言葉を一緒するのは危険です。健康は個人の問題ですし、たとえばコミュニティーに属するみんなの健康をどう維持するか、というのもあり得ると思いますが。

山本　医師の側にとってもコミュニティーの健康を促進することは大事になります。ところが人類とか民族の健康という言葉が出てきたときには、非常に注意深くならなきゃいけない。「民族の健康」という言葉は本来あり得ないのです。

――〇〇村では地産地消の無農薬野菜を食べています、とかね。

山本　医師の領分を越えます。民族も人類も、健康と結びつけば医師のレベルではなくなってしまう。政治的な言語です。

――はい、これも目から鱗でした。突き詰めたらナチスになります。

――健康なヤツが生き残り、不健康なヤツは殺してもいい、という発想につながります。

山本　その上に「誰が健康で、誰が不健康なのか」を誰が決めるんだ？　それは国家だ、と。これは今までずっと起きてきたことです。

――ヒトラーはまず障がい者を殺していきましたね。

山本　「民族の健康」と言い始めたのがナチ政権です。そして「民族の祭典」が1936年のベルリンオリンピックのテーマです。

――オリンピックを政治利用してヒトラーは人気を高めていきました。

山本　オリンピックの際に「アーリア民族がいかに素晴らしいか」という映画を作りました。ここから民族と国家が結びついていくのです。

――ユダヤは劣っている、と。

山本　ドイツ国家の中にユダヤ民族という劣性遺伝子が存在することを許さない。国家が一つの民族であるべきだとしたら、「ユダヤ＝劣性」というのが排除の理論になります。こういうことを宣伝するためにオリンピックが利用されました。ひるがえって今回の万博、「人類の健康」を博覧会でテーマにする。明らかにこれは意図があります。決して偶然ではない。今回の万博の背後にはそれが見えてきます。さまざまなプロデューサー、シニアアドバイザーがいますが、そんなことに無頓着なヤツか、意図的に考えているヤツ、が選ばれていると思います。

――商売にしようと思えば簡単です。たとえば「大阪ヘルスケアパビリオン」。血圧や中性脂肪を測って、データを盗まれて「あんた、このサプリ飲みなさい」と。

山本　今回の万博、一番の問題はそこじゃないかと思っています。「健康ビジネス」。ミャクミャク君という内臓を思わせるようなマスコットが。

――ミャクミャクは内臓が外に出てきて、そこに目が付いている。

山本　内臓が1つの人格を持っているかのようになっています。これは初めてです。どんなゆるキャラも今までは動物の形をしていました。今回は内臓が出てきた生き物。これは安藤忠雄が考えそうなことです。

――安藤が責任者になってから、ミャクミャクが決まったんですよね。

山本　安藤さんはロゴを決めるときの責任者です。ミャクミャク君のようなロゴを選んで、それがキャラクターとして決まったのです。安藤さんは悪ふざけが好きな建築家で、彼の建築物にはそんな悪ふざけがたくさんあります。

――70年万博のときは、まだ社会に悪ふざけを許容する余裕がありました。みんながエネルギッシュで経済も右肩上がり。「あー、面白いな」と楽しめた余裕ですね。今は「祭りなんかやってる場合か」。貧しくなって、災害も増えているのに。

人間洗濯機もiPS臓器も尊厳無視の所産

山本　70年万博では丹下さんが「未来の都市はどうあるべきか」ということを考えていたし、多くの人たちも「未来の都市はこうだったらいいなー」と夢があったんです。

――携帯電話や動く歩道などが展示されてました。

山本　今から思えば大した技術ではないかもしれませんが、70年万博から情報革命、都市開発などいろんなことが起きています。インフォメーションを情報と訳したのも70年万博の頃から。

――月の石にはワクワクしました。

山本　小さい石ころでしたけど。長蛇の列でね。

――今回の目玉は「火星の石」(笑)。ただの隕石やんか。

山本　恥ずかしいでしょ？　今回の万博は、未来とか希望とかがテーマではなく、「どれだけ悪ふざけするか」がテーマになっているとすら思います。

――その悪ふざけが全然面白くない。シャレになっていません。

山本　人間洗濯機が展示されます。透明な洗濯機に裸の人間が入って洗濯される。たとえば障がい者が人間洗濯機の中に入るとイメージしたときに、「自分の体を洗うときに、洗濯と呼ばれてしまう」。それが本当に障がい者に対して優しい態度なのか？

――高齢者も同様ですね。

山本　私たちは未来にどうケアされるか？　人からケアされることは恥ずかしいと思う人もいます。下の世話など。

――本来、恥ずかしいことではないですが、尊厳の傷つく人がいるのも事実です。

山本　ケアする側はその人の人格、生きてきた歴史、尊厳を傷つけないように、非常に注意深く、看護師さんもお医者さんも丁寧にケアしているわけです。もし人間洗濯機のような機械でケアされる未来になれば、そこに入って裸のまま、外から見られた状態でぐるぐる回されている自分を想像できません。

――人間の尊厳、誇りを傷つけるものになりますね。

山本　絶対に入りたくない。

――実用化できませんね。どこに置くねん、という話。

山本　家の中に置く場所がないでしょ、スポーツジムに置きますか？

――周りの人に見られますね（笑）。

山本　銭湯に置いてあっても、普通に風呂釜に入ります（笑）。人間って何者か、という視点が今回の万博にはないのです。むしろ物のように人間を扱っている。この人間洗濯機やミャクミャク君というキャラクターがそれを示すいい例です。「臓器が人間である」というコンセプトは、将来、臓器売買が日常化する社会につながるのだと思います。

西谷さんはアフガニスタンでは「子どもの腎臓が30万円で売られている」とおっしゃってましたね。こんな時代にミャクミャク君が人格を持っている、という概念がいかに危険なものか、気がつかねばなりません。臓器売買は今後大論争になっていくと思います。いやすでになっています。臓器に対して今後、誰かが商売にしようとする世界が待っています。

――恐ろしいことです。

山本　心配しているのは、パソナという人材派遣会社がこの万博の中心にいることです。人間を部品として考える人たちです。すべて部品です、人間そのものではなくて。そんな世界が待っているとしたら、まさに「そのビジネスをやりそうな人たち」の万博になります。

――人材派遣で中抜きをして、ボロ儲けをしてきたパソナの、次の戦略。吉本興業も悪ふざけを商売にして参加する。そんな祭りに税金が突っ込まれていく。黒い野望が山本理顕さんの貴重な指摘と鋭い洞察で明らかになってきました。今日はわざわざ大阪までお越しいただきありがとうございました。

山本　ありがとうございました。

第2部

まだまだ続く
問題追及

PART. 5

維新政治が積み重ねてきた
大阪万博のウソとムリ

対談 おおさか市民ネットワーク代表
藤永 のぶ代

※この対談は2024年12月13日に行われました。

350億円の大屋根リングは始まる前からクロカビだらけ

――今回のテーマは「とうとう入場に成功！　大阪危険万博」です。2024年11月22日、藤永さんはとうとう万博会場に入場しました。どうやって入ったんですか？

藤永のぶよ　日本共産党国会議員の辰巳孝太郎さん、山下芳生さんたちが国会で「視察させて」と交渉してくれていて、とうとう実現したんです。それで私、ついて行ったの。

――嫌やったやろなー万博協会（笑）。

藤永　私、協会には嫌われてると思うよ。「あの情報公開請求のおばちゃん」（笑）が来るぞ。

――万博協会の案内で、会場内を回ったわけ？

藤永　それが違うねん。「この場所しか見たらあかん」。パビリオンはダメで、大屋根リングの上だけ。案内の職員と議員さんたちが階段上がっていくけど、私はすぐには上がらんかった。

――えっ、どうして？

藤永　大屋根リングの木材の組み方とか、色目とか、細かいところも観察してから。大屋根リングは「集成材」というベニヤ板の親分みたいな材料で作ってある。ベニヤ板を接着剤で固めたやつ。遠くから見たら柱に見えるけど、一本の木ではなくて木材を貼り合わせた物。知り合いの建築屋さんが「集成材をつないでいる。そのつなぎ目に雨とか水が入るとカビが生えて、継ぎ目が黒くなる」と教えてくれました。私は階段上がる前に、そのつなぎ目を観察したら、ほんまに黒くなってた。それでカシャカシャと写真を。「ダメです！　写真撮ったらあきません」（笑）と注意されたけど。

――なんで写真撮ったらあかんの？　国会議員が主催する視察でしょう？

藤永　「ＳＮＳに載せたり、不特定多数に知らせるのはダメです」と言いはるの。じゃあ特定多数、つまり機関紙とかなら？と尋ねると、「それはいいです」。だから「しんぶん赤旗」はＯＫ。「大阪民主新報」もええわけね。なので「私の所属する『おおさか市民ネットワーク』も機関紙を出しています」って言うたら「はいはい、それはいいです」。それからは、パシャパシャ（笑）。

――たまたま抗議して写真を撮れるようになったけど、大前提として万博は税金で作っています。いわば公共のものなのに、なんで写真を制限するの？

藤永　自信がないんやろね？　だから隠したい。作ってる途中からね。

――シリアやアフガニスタンなどで軍の施設を撮影して捕まったことがあります。夢洲は紛争地か？　万博協会は独裁者なのか？　自分の土地、自分の金で作ってるんやったら「写真撮るな」って言えるけど。

藤永　これ、万博終了後に解体して売りに出す、言うてる。でも四角にくりぬいた柱、誰が買うの？　こんなん誰も買わへんで。

――吉村洋文知事は「清水寺と同じ、貫《ぬき》工法で作っています」と会見で。

藤永　「材木と材木がピタっと入る貫工法や」と、自慢してました。清水寺と同じ１００年持つ工法やから木と木がぴったり入ってるんやと思ってました。

――現物を見てどうでした？

藤永　材木を通す穴が空いていて、そこに木を突っ込んでますがグサグサ（笑）。ピッタシなんてことはない。隙間がいっぱい。

――はい、写真を見ただけで穴だらけ（笑）。これを貫工法って、清水寺に失礼ですね。

藤永　グサグサでちょっとした風が来たら台風とまでいかんでも、強風が吹けばスッポン抜けんのちゃうか（笑）。とても宮大工の技術ではない。

――工事したのは竹中工務店と大林組に清水建設。ゼネコンには宮大工の伝統技術はありません。

藤永　一緒に視察に来ていた人も「表面をボルトで留めてるようでっせ。おそらく金具も入ってまっしゃろ」と。

――そうそう、国会質問に「釘は使ってません。ボルトで留めております」と答弁してたよ。

藤永　ボルトだけ違うで。釘も入ってたよ。

――えっ？　吉村知事は、「釘は使ってません」って。

藤永　実際はネジ釘で集成材を留めていました。だからあれは知事のウソ会見。６カ月で万博が終わったら何もかも撤収でしょ。大屋根リングを解体する際には集成材に打ち込まれた釘やボルトを外さなあかん。ものすごい時間と手間がかかる。この解体費用が約３５０億円の建設費の中に入っているかどうか、いまだに不明なんです。

――大屋根リングの建設費が約３５０億円と報道されたときに、「なんでそんなに高いねん！」とみんな怒っていました。解体費がこれに含まれているのかどうか？　別途必要なのかも。国も知事も万博協会も、言うことがころころ変わるから信用できへんね。

藤永　閉幕したらどうするんですか？　この集成材を売るんですか？って聞いたら「これは解体してね、住宅とか家具とかそういうものに使ってもらうように今、買い手を募集してます」。真ん中に穴が空いたような柱、カビが生えてるベニヤ板の親分、そんな木材で建った家、誰が買うの？

――長持ちせえへん。売れなければ大屋根リングごと産業廃棄物※になるのと違う？

※注　集成材は、燃やすと有害なダイオキシン類が発生するため、建設リサイクル法で特定建設資材に指定されている。廃棄時には分別解体もしくは再資源化が義務づけられており、チップ化してボードメーカーに販売するなどしなければならないが、用途が限られ需要は少ない。再資源化できずに残った分は本来、産業廃棄物として処理しなければならないが、不法投棄することによってコストを下げ、安く請け負う業者が後を絶たない。建設リサイクル法が不法投棄を助長しているのではないかと言われているのは、こうした背景があるからである。

藤永　このまま撤去せずに置いといた方がいいのかも。地盤が沈んでいくからリングも沈んでいってくれる（笑）。夢洲2区はもともと産廃処分場やから、このまま置いとこと思てるのとちがう？　地盤沈むし、リングも沈む（笑）。

――建築家の山本理顕さんが「大学のキャンパスは100億円ぐらいで出来る。大屋根リングだけで350億円はそもそも高すぎる」と。なんでこんなに値段が釣り上がったの？

藤永　当初は福島県から、仕入れる予定でした。復興万博と銘打ってね。放射能で汚染された木を有効活用すると。確かに一部は福島の木を集成材に仕上げて大屋根の梁に使われています。ところが「世界最大級の木造建築」でしょ、福島の材木だけでは足りない。なのでフィンランドから輸入した。でも今は超円安で輸入材が高騰して、わざわざ北欧から運んで来る輸送費もかかる。

――地産地消でもないし、持続可能でもない。半年で壊すんやから。

藤永　どこがＳＤＧｓ？　ウソばっかり。私ね、もうマンガやと思う。

――大阪アホ万博や。

天変地異は起こらないよう祈るしかない脆弱な防災計画

藤永　アホ万博で言うとね、もう一つのビックリは大屋根リングが一番高いところにあるわけ。雷は高さ20ｍのリングに落ちてくるんです。

――さすがに避雷針を付けてるんでしょ？

藤永　それが付けてないらしい。で、現地で尋ねたら明快に説明しはりました。「はい。この一番上の手すり、これが避雷針になります」って。

――手すりって？　金属製やろ？　来場者が握ってるところに雷が？

藤永　ビリビリきますやん、危ないやんか、って聞いたら担当者は「ビリビリきませんよ。落雷注意報が出るので、みんなを大屋根から降ろします」。以前に大阪の担当者は「アース線を地中に通して落雷被害が起きないようにします」と言うてたのに。

――視察で説明してくれた人が東京の方。大阪と東京では説明が違うわけね。これは万博協会の特徴で、組織がタテ割でみんな出向してきてるので、言うこと違うんよ。

藤永　確認のため再度聞きました。答えは「避雷針は手すりです」。避雷針のアース線は「手すり」なんです。

――浪曲で♪「いってんにわかにかき曇り、ナントカ浜で世紀の決闘」♪。雷雨っていきなり来る。とっさに来場者が降りられるのかな？

藤永　降りるところが少ない。８カ所の階段がありますって言うけど、大屋根の上をくるくる走って階段にみんな殺到する。

――そんなときって風も強いやん。来場者は手すりにしがみつくで。

藤永　屋根もないし吹き抜けやから強風に飛ばされて落ちてしまう危険もあるね。

――ピカって来たらビリビリ。手すりつかまずに逃げようとしたら吹き飛ばされる。かなりの危険万博。

藤永　24年9月2日にようやく防災対策が出ました。その中に避難指示マニュアルがあって地震が来れば非常放送するとか、避難誘導するとか書いてある。問題は津波で「大屋根リングには上がらないようにする」。これ、どういうこと?

――津波てんでんこ。少しでも高いところへ。これが3・11の教訓のはず。政府はそう宣伝してるで。

藤永　一番高いとこがリング。リングに上がるな、という指示は、裏返せば「リングは津波で流されてしまう」ということと違う?

――シャレにならんわ。リングの下にいて、柱にしがみついとけって言うの?　おそらく万博協会は「開催期間の6カ月、雷も地震も来んといてください」って拝んでるな。

藤永　対策はご祈祷するくらいしかない。

――1日最大22万人。平均15万人が来るという計画。地震が起きたら大災害になるよ。地震はまあ来なかったとしても、雷は来るよ。

藤永　温暖化の影響で、最近は雷が増えてるで。それとね、線状降水帯のこと忘れてる。ここは川底のヘドロで埋め立ててるから、雨水が染み込んでくれへん。

――あふれた水が一番低いところ、地下鉄の海底トンネルに流れ込むと陸の孤島になる。

藤永　会場の中心に「静けさの森」があってそこに池が。予想では「池があふれる」って書いてある。

――万博協会も認めてるんや。

藤永　池があふれる状態やったら、おそらく地下鉄のトンネルはもう水浸しやわ。

――帰られへんで。

藤永　そうなったら、船を横付けするって言うわけ。でもそんな十万人も乗るような船、急に呼べる？

――夢洲には大きな桟橋もないよ。

藤永　そやから急いで作る言うてるねん、桟橋を。

――そんなん作ったら約２３００億円の建設費がもっと上振れするで。

熱中症、水質、メタンガス、ヒアリ……まだまだあるリスク

藤永　お金の話をするとね、万博のインフラ工事に1125億円も突っ込んでて、その内の8割は大阪市民の税金やねん。

――でも万博は国の行事。基本は国が払うんでしょ？

藤永　私、東京に行ったときに言いました。国土交通省で面談したときに。「あのね、万博って確認するけど国の事業よね？」「はい、そうです」「なんで8割も大阪市民の税金で？」。そしたら国は「建設したインフラはレガシーとして大阪市民の皆さんに残りますから」。腹立ったよ。「誰も住んでない夢洲に高速道路いりません、上下水道もいりません。そんなんレガシーと違います」

――国の担当者は「あんたら大阪市民が維新を選んだからこうなったんです。あなた方大阪のお金でやらせてもらいます」って思ってるのと違う？

藤永　そう思てるわ、きっと。それと問題なのが暑さ対策。防災計画の中に、熱中症対策がある。大阪は年々酷暑になっていて、救急搬送が最も多い月で4000人を超えています。

――今でもたくさん救急車が走ってて、ラジオ収録中も中断を余儀なくされます。

藤永　防災計画にも「救急搬送を必要とする熱中症患者が発生すると想定される」と書いてある。「どないするのん?」って聞いたら、『ホームページや場内アナウンス、デジタルサイネージなどで宣伝します』。熱中症警戒アラートを出すので、帽子や日傘を持ってきてください。こまめな水分補給、水筒をいっぱい持ってきて、と。そのためにはパビリオン入場待ちの列を短くしないとダメ。なので全部、入館予約制。堅苦しいで。何時何分何秒、あんたはここに入りなはれ（笑）。

――もし予定通りたくさん来たら、アメリカ館や中国館の前でほぼ毎日、熱中症警戒アラート鳴りよるで。

藤永　入場ゲートのところにエアコン設置。熱を吸収する舗装にするとか。何よりも、暑熱対策用品を販売しますと。タダでくれるわけではない。

――アイスノンみたいなやつを売るわけ?

藤永　売るねん。それとマイボトルを持ってきてちょうだい。巨大な給水塔からマイボトルへ水を汲め。だから大阪市の健康局に尋ねました。「水の安全性はどうなるの?」。塩素濃度、アルカリとかいろいろな基準がある。「これ誰が検査するの?　大阪市水道局の職員さんが派遣されているの?」と。「いいえ、私たちには何も相談されてません」。聞くところによると万博協会がそういう技術者を採用したらしい、民間の。

――水の専門家を、何人ぐらい？

藤永　1人。トイレだけで1600カ所もあるねんで。トイレには必ず洗面所があって、水を飲む人もいてる。1人で走り回って調べなあかんねん。その濃度。

――万博のトイレは、1カ所で2億円もするけど、検査する専門家は1人。

藤永　そやで、写真撮ったらあかん言われたけど、視察のときにトイレの前で「あっ。もう押してしもた」って言うて。そんな高級トイレちがうよ（笑）。

――押してしもた（笑）。マイボトル持ってこい。アイスノン買ってくれ。雷が鳴ったらリングからすぐに降りろ。豪雨が来たらトンネル水没で帰れない。もう万博が巨大な罰ゲームやな（苦笑）。

藤永　計画通り毎日平均で15万人が来るとして、会場内には診療所が8カ所しかないの。熱中症や食中毒になったら、すぐに手当が必要。でも医師が常駐する診療所は3カ所しかない。熱中症って、すぐに点滴せなあかん。そこには点滴するベッドがいる。「ベッドはいくつあるの？」って聞いたら、「分かりません」。大阪市の健康局は、専門家なのにまったく蚊帳の外に置かれてる。

――24年8月、「日本中学生新聞」の川中君が現地で測ったら摂氏50度を超えてました。25年も酷暑が予想される。もうバタバタバタバタと熱中症で倒れていきそう。

藤永　健康局の人にね、「蚊帳の外に置かれて気の毒やけど、せめて万博協会に忠告してくれへんか」と頼んだ。専門家による警告。熱中症って集団でなる。ベッド1床ではダメで、たくさんいる。そういう救護体制が必要だ、と。

――このままの体制だとパニックになるな。

藤永　先日、避難訓練をやってた。1人ずつドクターヘリで釣り上げて病院へ搬送。実際はヘリで搬送なんて絶対無理や。

――原発の避難計画と一緒。絵に描いた餅やね。熱中症も危ないけど、メタンガスも。

藤永　メタンガスは夢洲の1区で、かつての生ゴミ処分場で主に発生してる。今までは83本の煙突を建てて、空気中に逃してました。そこをコンクリートで埋めて駐車場とレストランにする。でもこんなところ埋めたらあかん、コンクリートの下にガスが溜まって引火したら爆発する。特に危険なのが第2駐車場。PCBを袋に詰めたのが約3000個入れてあったところに、土をかぶして駐車場にしています。万博工事前にはここだけでメカンガス抜きの煙突が15本あった。それを地中からぐーっと動かして駐車場の端っこに持って行ってる。ちゃんと写真もあるよ、これが証拠。

――本当や。新しい煙突があって真ん中に、「火気厳禁」って書いてある（苦笑）。

藤永　メタンガスだけと違います。一緒に一酸化炭素や硫化水素などの有害物質も出てるんです。

――ゴミ焼却場の煙突に溜まったスス。焼却場ではダイオキシンや水銀、六価クロムなどをフィルターでろ過して、煙を空中に放出しています。逆に言えば「フィルターに溜まって濃縮された有害物質」である焼却灰の処分地が1区ですよね。

藤永　ありとあらゆる有毒物、一番危ないものがここに埋まっています、と書いてある。

――その上にレストラン。

藤永　資料で言えば「(区域番号)２２０１」。24年3月に爆発したトイレのすぐそばね。

――だからレストランは火気厳禁(苦笑)。吉村知事や横山市長は「ここでしか食べられない世界の料理が楽しめます」って宣伝してるけど、「モロッコの生だこ」「ジンバブエの生大根」やで(笑)。そして猛毒のヒアリが出た。

藤永　夢洲４区は貨物船から荷物を運ぶトラックヤードになっているからコンテナに入って世界中から色んな昆虫や動物がやってくる。大阪市は「５５０匹探して、殺虫剤で殺しました」って説明してるけど、実際にはその10倍はいるよ。

――どうやって数えたんやろ、550匹（笑）。網で採って、虫カゴに入れて数えたんかな？

藤永 ヒアリって小さいねんで。カゴの穴から抜けてまうで（笑）。専門家がなんかのテープでペチャッと貼り付けて数えたんと違う？　マンガみたいな話なやけどね。

万博赤字の補填は公共サービスを削って貯めた税金で？

――何から何まで無茶苦茶な危険万博。だから前売りチケットも全然売れてへん。

藤永 何回も万博協会に確認しました。2300万枚売れたらトントン。24年11月22日現在で売れたのが約730万枚、目標の3分の1。その内700万枚は企業が購入。一般の人が買ったのはわずか30万枚。

――大赤字確定。吉村知事は「開幕が近づいてきたら売れて行くはず」と強がっているけど、逆にますます売れなくなると思う。保険会社や銀行が顧客にタダで配ってるし、大丸心斎橋店は抽選でプレゼントを始めた。「もうちょっと待ってたらタダになるで」。みんなそう思ってるから買い控えるわ。

藤永 同行していた国会議員、市議会議員も聞いてはった。「赤字になったらどうするの？　誰が払うの？」。で、国はどう答えたか？　「赤字のことは考えたくありません」（笑）。

もう赤字になるの分かってるから、「そんなこと言わんといて」って感じ。

――「大阪府も払いません」と言っています。もちろん経済界も。誰も責任取らんと逃げて行くつもりと違う？

藤永　逆に出費はどんどん増えていく。万博の警備費で55億円、機運醸成費で30億円の増額。

――機運醸成、つまり税金で宣伝を強めていく。このカネであの気持ち悪いミャクミャクがいっぱい貼られてしまう（笑）。

藤永　「維新タイムズ」というチラシの最新号に、令和6年（24年）度一般会計補正予算第2号が載っています。総額62億4200万円。今は維新の独裁議会やからピュっと決まってしまう。ほぼ万博の追加経費。この中に能登半島の子どもを2泊3日で招待するのに4600万円。大阪府下の児童・生徒への万博会場への招待で5200万円。

――奥能登の子どもを2泊3日で招待する、っていうけどこんなの一過性のもので、帰郷したらまた仮設住宅。

藤永　例えば穴水町なんてまだ給水車を走らせなあかんねんで。いまだに仮設住宅にさえ入れない人もいてるし、まだトイレも足らへん。

――その上に水害。現地情報によれば、グラウンドやゲートボール場などが仮設住宅になって、子どもたちが遊ぶ場所がない。無理やり大阪に連れてくるより遊べる場所を確保したれ、って話。

藤永　まずは生活再建。そのお金をキャッシュであげてよ、と思いません？

――能登の被災者を放ったらかしにして、「アホ祭り」に金を突っ込むアホ政府とアホ大阪。税金の話で言うと、夢洲そのものを会場にしたのがもったいない話やね。

藤永　夢洲を建造するために大阪市がどれだけのお金を使ったのか、一覧表があります。昭和39年（１９６４）からの大阪港埋立事業長期収支見込みです。

――そんな前から工事を？

藤永　はい。総額で1兆１２８２億円の計画です。護岸工事に埋め立て工事、道路作って架橋して……。海の中に人工島を作るには巨額の投資がいるんです。それで今年（24年）までで３２００億円、今後も２０００億円。約５０００億円の税金で作った「資産」なんです。新しく出したのが昨年10月のもの、これを見るとＩＲ３区の土壌改良や液状化対策などは今年２０２５年度予算からです。

――夢洲は現役のゴミ処分場という大切な資産であって「負の遺産」ではない。そこを万博でつぶした上にカジノまで。結局は赤字にして逃げていく。これ、詐欺やんか。

藤永　そうです、大阪市も国も詐欺師だらけ。最終的には大阪市の税金で赤字補填しようと考えていると思います。橋下時代からずっと貯めてきたお金、財政調整基金が２６００億円があるんです。

――それは地下鉄や市バスへの敬老パスを削ったり、高校を廃校にして土地を売ったり、市民病院をつぶしたり。福祉や教育を削って浮かせたお金やね。

藤永　だからコロナの時に全国で一番、死者が多かった。

――公立病院の医師や看護師を50％もリストラして（全国平均は約６％の削減）、保健所の職員も25％程度削減。だからベッドが空いてるのに入院できなかった。橋下や吉村は「黒字にしました！」って自慢してるけど、本来自治体は黒字にしたらあかん。

藤永　何もせんかったら税金だけ貯まる。するべきことせんかったていう証拠。府民、市民のみなさん、「黒字になった」と喜んでたらあかん。あなたのサービスが削られたんや。

夢洲カジノに大阪市民が突きつける6つの裁判

――自治体は赤字と黒字のチャラが理想。お金持ちや黒字の企業から集めたお金を学校や病院、市バスや公衆衛生に使うから税金なんですよね。６カ月で終わるアホ祭りに使われるのも腹が立ちますが、その後のカジノにも税金が突っ込まれてしまう。藤永さんたちはカジノ問題でも裁判されてますね？

藤永　６つの裁判が進行中です。まずは「夢洲ＩＲ（カジノ）に市税７８８億円使うな」というもの。次に、作ること自体はホントは大反対やけど、もし作るんなら「格安の賃料で貸したらあかん」。地主は大阪市なのでカジノ業者に不当に安く貸すことで、市民は大損害を被ることになるからです。３つ目が今の夢洲３区で建設業者が工事をしているのですが、大阪市は工事現場の賃料を取っていない。「タダで貸したらあかんやんか」という裁判。最後は「松井さん、横山さん、あんたら市長が決めたのだから、あなたたちが損害分を払いなさい」という裁判。カジノ業者に貸す期間を30年として、格安賃料のために大阪市に約１０００億円の損害を与えた。だから「あんたら個人が払いなさい」

――確かに松井一郎前市長と横山英幸現市長がハンコを押した。これ、メチャクチャな賃貸契約。不動産鑑定業者と大阪市が談合してたとしか考えられない。

藤永　地方自治体には財産を格安で売ったり、貸したりしたらあかんでっていう規則があるんです。

――国にもあります。まさに森友事件がそう。安倍首相とアッキーが絡んで、籠池さんに「不当に安く売った」ために自殺者まで出た。

藤永　問題の土地を「ＩＲ考慮外」で鑑定してます。

――カジノや国際会議場などができるはずなのに、どこか郊外のショッピングモールを想定して鑑定。もう1つは地下鉄が通って、「夢洲新駅」（仮称）の駅前一等地になるのに、最寄り駅を対岸の「咲洲コスモスクエア駅」で鑑定。

藤永　当然ですが、土地の値段って最寄り駅で決まるんです。

――不動産屋には「阪急淡路駅から徒歩５分」とか貼ってある。阪急北千里駅から歩かせへん（笑）。向こうの島のコスモスクエアが最寄り駅って、おかしいやろ。鑑定業者3社の価格がピタッと揃ったのは宝くじ以上の確率。

藤永　この結果が出たとき、大阪港湾局の人と話をしたんです。「奇跡の一致って言われてるやんか、どないなってんの？」。すると担当者が「ぴったり一致して僕らはホッとしました」

――本音が出た。裏で「この値段で」とお願いしていた業者たちが指示通り出してくれた。

藤永　まずは住民監査請求をして「なぜ廉価で貸したのか？」を問うた。するとかなり分厚い監査結果が返ってきました。その監査結果を見ると「誰々さんからメール来たから、これをこうした」とかね。つまり大阪市と鑑定業者との打ち合わせたメールが見つかった。これら一連のメールのやり取りを情報公開請求しました。ところが「文書不存在」で返ってきた。おかしいな、あるはずやのに。

――確か当初は「廃棄して、もうない」と言ってたんやね、港湾局。

藤永 そう。ところが年が明けて3月に「やっぱりありました」。大阪港湾局の中で人事異動があって、職員が「外付けハードディスクに残ってました」と。

――ええ職員や（笑）。その後、記者会見で港湾局の担当者が謝罪してました。

藤永 ようやく出てきたメールには一連の経過が書いてあった。不動産研究所やＡＲＥＣという鑑定業者と大阪市とで「平米あたり12万円でどうか」などのね。

――不動産鑑定業者もあかん。

藤永 私らは「鑑定談合」と名付けてる。

――自民党は「官邸談合」で大阪維新は「鑑定談合」（笑）。

藤永 最初の段階、不動産鑑定業者を選ぶときに、大阪市は随意契約で決めてる。でもこれは談合の温床になるから、最高裁判決でも「やったらダメ」「一般競争入札しなさい」となってます。

――個人的な想像やけど、舞台裏は松井一郎君と港湾局のトップが、「あの業者とこの業者は話を聞きよるから、こいつらに任せよか」。それで港湾局が「ま、大体12万ぐらいで」。そんな景色が見えてくる。

藤永　そこはまだ闇やねん。裁判で真相を明らかにしようと思ったから25年1月に提訴しました。「松井さん、横山さん、責任取ってや」裁判。

――「大手メディアはこの問題をもっと報道せよ」って思います。あの松井一郎という人物に「1000万払え」。インパクトあるやん。ワイドショーネタになるよ。

藤永　でもね大阪市は「あれは大した資料じゃなくて業務上必要な連絡の項目」「賃料をこうしろ、ああしろという指示の問題ではない」。もう逃げ口上ばかり。それに加えて「公文書を簡単に廃棄してええの？」という問題があるわね。

――今回はたまたま外付けハードが出てきたから良かった。森友事件でも公文書を改竄してたからね。

藤永　情報公開制度では、職員が書いたメモも公開対象です。勘違いしたらあかん。「公務員が作った単なるメモや、もう捨ててしもた」などと、逃げさせたらあかん。

――逆にカジノ業者の立場に立つとね、いくら賃料が格安でも1カ所に集まるカジノはすでに時代遅れ。今やネットカジノ、スマホカジノの時代です。

藤永　夢洲カジノ計画はコロナ前に立てたもの。事態はころっと変わってしもた。

――水原一平君はスマホで賭けてた。1日に何十回も賭けることができたから、62億円も負けてしもた。

藤永　世界のカジノはどんどんつぶれてます。もうバニーガールさんもいらん。トランプ大統領が経営してるとこもつぶれたし。夢洲に来るMGMリゾーツ、本音ではビルなんかいらん、って思ってるで。ただ日本で初めてギャンブルで商売できるから、カジノの権利だけは欲しいのやと思う。

――だから当初は解除権、つまりいつでも契約を反故にできる権利を持っていた。24年になってようやくMGMリゾーツが解除権を放棄したけど、儲からへんと思ったら、逃げ出しかねない。いや、逃げ出してくれた方がええのやけど（笑）。

藤永　工事は今すぐに止めた方が、傷が浅い。ビルが建ってしまったらメンテナンス、つまり維持費が馬鹿にならへんよ。夢洲は埋めても埋めても沈んでくれるから、ゴミぎょうさん入る。元の処分場に戻すべき。「ここまで来たら万博もカジノも、やらな仕方ない」と言う人おるけど、そんなことない。今後の損害の方が大きいし、大阪市という自治体がつぶれる。万博もそう。パビリオンは6カ月で撤去なので建てるほど解体費がかかって損になる。ＩＲもビルを建ててしまったら近い将来廃墟やで。例えば泉佐野市に高層のゲートタワービルがあるでしょ。

――バブル時代、１９９４年に関西空港が開港。その玄関口に門（ゲート）のようなビルを２つ建てるつもりだったのが、バブル弾けて片っぽしかないけど（笑）。

藤永　何が一番大変か？　まずはエレベーター。住民や宿泊客がいなくても、エレベーターは常に動かさなければ錆びついてしまう。誰もトイレを使わなくても、流さないと屋上にためた水が腐る。

このままでは利権政治のツケが大阪市民に

――福島県双葉町や福井県おおい町は「原発マネー」でいろんなものを建てた。小さな自治体に身の丈の合わんものを建てたからメンテナンスで財政赤字。だからもう1基、もう1基と原子炉を。麻薬みたいなもの。

藤永　大阪市も同じ構図。例えば夢洲と舞洲を結ぶ夢舞大橋。「大きい船が来たら橋が回転して通行可能です」と６６０億円もかけて作ったのに大型船は来ない（笑）。でも定期的に橋を回転させないと錆びついて動かんようになる。だから1回１００万円で、年に2回、ギギっと回してる（苦笑）。

――これもマンガみたいな話。一生懸命働いて真面目に納税してる人、救われへんで。

藤永　その税金で作るのがお祭り会場とバクチ場や。

――万博で維新は窮地に。目玉商品がないから火星の石。でも隕石ならすでに大阪市立科学館に展示してある（笑）。

藤永　火星から落ちてきた隕石。「70年万博の月の石は触れませんでしたが、今回は触れます」。そんなん万博に行かなくても大阪市立科学館が市内にある。それもただやで、子どもやったらタダや（笑）。

――カジノに話を戻します。ＭＧＭリゾーツの狙いは「俺たちが唯一の業者です」。国会にはカジノ議連があって、そこの議員たちに「オンライン・カジノを法律で認めてください」とお願いする。裏金もらっていた萩生田光一や、社会福祉法人乗っ取り疑惑の馬場伸幸などが議連にいるから、この人たちにちょこっとワイロ配るだけで「日本でＩＲを営業している企業のみ、オンラインを認めます」。こう法律を変えたらＭＧＭは丸儲け。

藤永　だから夢洲に巨大なカジノビルは必要ないねん。隣の咲洲、ＷＴＣタワーに入ってたホテルが賃料を払わず出ていった。そこが空いてます。

――「さきしまコスモタワーホテル」が入っていて、家主である大阪府への滞納が20億円。踏み倒して逃げた。

詐欺師がビルから出ていって、代わりにバクチ業者が入る（苦笑）。大阪はどんな街やねんって話。それでオンラインカジノが問題。水原一平君は２１３億円の勝ちで２７５億円の負け。差し引き62億円が溶けた。そのうちの25億円を大谷翔平選手からちょろまかしてたわけです。

例えばドジャースが勝つか負けるかは1日待たないと結果が出ないけど、次の打席で大谷選手がホームランを打つか打たないか、バスケで八村塁選手が第1クォーターで何点入れるか、など無限に賭けられる。スマホなので手軽に延々と。

藤永　だから日本では賭博を禁止してるわけね。つまり政治が大事。今は「１０３万円の壁」とか「手取りを増やす」と言うてるでしょ。それを１５０万円まで引き上げたから「学生さんもっと働け」。でもね学生さんは勉強するのが仕事やで。「１０３万の壁」取っ払ったから、もっと働け。知り合いの大学教授が計算したところ、誰が一番恩恵を受けるかというと、大企業の高所得サラリーマン。

――そうか、大企業で働く人は「連合」に入っていて、その「連合」が国民民主党の玉木雄一郎を推している。

藤永　年収５００万円のサラリーマンで約20～25万円が減税になる。一方、大学生は1万円ちょっと。非常勤職員も雀の涙。権力を持っている政治家たちはそういうウソをつく。

――政治を大元から変えないとダメ。立憲野党の共闘で政権交代させるしかない。よく分かりました。今日はありがとうございました。

藤永　ありがとうございました。

第2部

まだまだ続く
問題追及

PART.6

このままでは関西の民主主義がぶっ壊れる

対談 日本城タクシー社長
坂本 篤紀

※この対談は2025年1月6日に行われました。

万博ルール作ってライドシェア導入。タクシーは足りている！

――今回のテーマは「立花、斎藤、吉村、玉木。まがいものに騙されるな」です。まず前半は「万博・カジノに騙されるな」。見事に前売りチケットが売れてません。

坂本篤紀 まだ騙されるヤツがおるんか、という世界。荷物1個1万円で預かります（笑）って、そんな万博誰が行くねん。

――ぼったくり。ミャクミャクの特大ぬいぐるみも1つ17万円するんやて。

坂本 「ミャクミャクまんじゅう」もめっちゃ高いで。それで開幕中はハラール弁当、ヴィーガン弁当など世界の弁当が食べられるらしい。

――レストランは火気厳禁なので冷たい弁当を出すしかない。あっ、でも会期中は夏や。

坂本 自然が温めてるのか、腐らせてるのか（笑）。

――夢洲の気温、7～8月は50度超えるらしいから。

坂本 大屋根リングの表面は70度までいくらしいから、もっと温まるで。

――もうシャレにならん事態。前売りチケットは目標の1400万枚の半分程度、750万枚（2025年1月8日現在）。

坂本　「吉村的・維新的根拠のなさ」やな。この状態でもまだ「2700万人が来てタクシーが足りなくなります」って言ってる。24年末の金曜日、忘年会のピークで「ほらね、タクシー足りないでしょ」。今は、足りない状態をわざと作っている。万博会場に入るのに入構証（駅などの敷地に入る許可）がいる。夢洲に向かうタクシー、入構証を持たない車はたとえば「最寄りのJR桜島駅まで戻りなさい」とか、変なことを万博協会が言い始めてる。

――えっ、一般のタクシーは夢洲には入られへんの？

坂本　そう。2時間ほどのビデオ見て、講習を受けて入構証をダウンロードしなさい、と。要はタクシーが足りない状態にしたくて仕方がないんや。

――ライドシェアをやりたいから？

坂本　そう。その企業がnewmo《ニューモ》。メルカリ系の会社。

――あの前澤友作。宇宙旅行に行った？

坂本　違う。元メルカリで日本事業を統括していた青柳直樹。先日「187億円集めました」と。当然、ベンチャーなので補助金も取るやろ。僕ら、そんな会社と競争できへん。

――ライドシェアって、かつての白タク。その辺のお兄さんが徹夜明けに「ちょっと稼いだろか」。でも事故したら？　車内トラブルは？　という問題が。

坂本　責任はタクシー会社が持て、ということになった。だからnewmoはタクシー会社ごと買収した。買ってライドシェアやる、と。で、その会社に吉村が行って「全力で応援します」と。

――維新得意の「お友だち企業優先」政治。

坂本　ライドシェアの前提として「タクシーが足りんから」という理由、無理矢理「万博なのでタクシーが足りん」という風にしたいわけ。

――でもタクシーの運転手は足りないんでしょ？

坂本　いや、もう足りてるよ。23年の3月頃からかな、大阪では毎月100人ずつ増えてる。当初は2300台足りん、と言ってた。でもその時期からすでに1年半が経っているので、運転手は足りてる。元々タクシーって稼働率が6割程度、つまり4割の車が遊んでた。運転手が入ってきて動き出してるから、十分足りてる。

――じゃぁライドシェアせんでもええやん。

坂本　そう、別にやらへんでもええ。だからわざと「タクシーが足りん状態」にする。タクシーでは万博に入構できへんぞ、と。

――でもね来場者少ないから、入構証取った車だけで大丈夫（笑）。

坂本　そやけど「まだ2700万人来る」って言うてるからな（笑）。

――750万枚しか売れてへんのにね。それもほぼ企業しか買ってない。

坂本　ｎｅｗｍｏはベンチャーなので、補助金を出してその一部でチケットを買え、という「兵庫県的なキックバック」をやるかもしれん（苦笑）。

赤字にはならないと根拠なき確信を語る吉村知事

――赤字はほぼ確定。東京オリンピックならまだテレビの放映権料が入るけど、万博は入場券収入しかない。誰が赤字を払うの？と聞いても、いまだに誰も答えない。

坂本　三者（国、大阪府市、財界）で割るんやろ？

――でも経済界は払わん、って言うてる。

坂本 大阪府もカネがないし、払える大阪市はまだマシかもしれん。大阪市は市債を出せるけど、果たして「羽曳野市債」が出せるのか（笑）。

――今なら「岸和田市債」（笑）がトレンドかな。

坂本 交野市はもう嫌や、って言うてるな。

――万博のツケを回されるのは、みんな嫌がるよ。

坂本 だから大阪都構想をやりたいわけ。府下各市の財布に手を突っ込んで。

――大阪市だけでなく、堺市や豊中市などの財布を狙ってるわけね。

坂本 住民投票の3回目をやりたいと言ってる。兵庫県で変なネット選挙がうまくいったから、次はネットにカネを使うのと違う？

――立花「尊師」ね。

坂本 そう。後から「私が選挙を仕切りました」って変な人も出てくるし。

――折田楓。「広報全般をやりました」。得意げに言ってたけど、今は消えてしまった（笑）。

坂本　あの人が立花孝志やホリエモンを動かせるはずがない。裏で大きな勢力が動いたと思うで。

――倫理法人会や統一教会も動いたという噂やね。

坂本　「ニセ・ライオンズ」「ニセ・ロータリークラブ」のような。早起きして便所掃除。

――西村康稔が総選挙前に倫理法人会に入会したって話やで。

坂本　偉いね（笑）。早起きして、企業が集まって慰めあおか、って。

――安倍派五人衆ってよく似てる。萩生田光一は創価学会はもちろん、統一教会にも幸福の科学にも媚を売ってた。選挙に勝つためやったら、どこにでも入会しよるで。

坂本　もうじきモスクに現れるのと違うか（笑）。

――あの人たちはまだ選挙権ない。正月3日に「辛坊治郎の万博ラジオ」を聞いてたら、吉村知事がゲストで出てた。辛坊が「チケット売れていくの?」と聞くと、「確信してます。チケットは売れます。赤字にはなりません」と断言してた。どういう根拠なんやろ?

坂本　チケットは売れます、補助金を出します（笑）。

――信用金庫に補助金出して、阪神・オリックス優勝パレードに寄付させるという……。

坂本 そう、その手口があるよね。

――背任罪や。それでラジオではね、「大屋根リングに上るだけでも行った値打ちがあります」って。

坂本 もうかなり腐ってるからな（笑）。早く観に行かへんと。

――「あそこから見る景色が素晴らしい」とも。

坂本 すべてにおいて無計画。たとえば会場への交通。橋とトンネルだけで、どうやって来るんや？しかも来ることしか考えてへん。いっせいに帰れるのか？ バスも地下鉄も、甲子園終わったときのようになる。いや、そんなに来えへんか（苦笑）。地震も津波も来えへんという前提。世界中に恥さらすんと違うかな？

――朝に行って、昼頃から大雨が来て、トンネルが水没したら帰られへん。どない責任取るつもりやろ。

坂本 帰れんようになって、やっとの思いで荷物取りに行ったら「あんた2日やから2万円」（笑）。ヤクザの足踏んだ、みたいな話や。

――その辺のホテルより荷物の方が高い（笑）。

坂本　思いつきで決めてるし、誰に言うていったらええかわからへん。本音では「来ない」と思ってるから下水問題でも対策なし。

――1日8万人以上来たらトイレがあふれるけど、来ないから大丈夫、と。

坂本　でもわからんな。開幕初日に歌手のＡｄｏ呼んでるという……。

――そうか、タレントのコンサートを企画してつなぐつもりや。

坂本　有名人を呼んだら何とかなると思ってる。でも出演料はタダと違うで。

――余計赤字になったりして。万博ラジオで吉村が「チケットがネットでしか買えない。だから紙チケットをねじ込んだ」って。20億円かけてコンビニで売れるように。で、売れたのが５０００枚。1枚売るのに40万円の手数料（苦笑）。

坂本　さすが。コロナのときにも南港のインテックス大阪に「野戦病院」作ったけど、だだっ広い会場に、入ったのは50人くらい（笑）。もうこれはお家芸やな。吉村は大阪府知事でありながら、党首も務めます、と。

――斎藤元彦が知事選挙に再選されたときには「兵庫県議会を解散しろ」って。お前、大阪府の知事やろ（笑）。

坂本 大阪府の知事やのに「二刀流でいきます」。先に知事の仕事せえよ。選挙が始まったらほぼ出勤せえへん。

――三刀流やで。万博協会の副会長もやってる。どの仕事も責任取らへんつもりやな。

坂本 「万博協会副会長の報酬はもらっていません」って言うてたけど、本当か？

――もらってなくても万博のプレハブ作ってる大和ハウスがパー券買ってくれてる。万博ラジオでは辛坊と2人で「万博チケットは安い、安すぎる」って。

坂本 なかなか生で人が吹っ飛ぶところとか観られへんで（笑）。

――メタンガスで。

坂本 マンホールにタバコ放り込むようなオッサンが罰を受けるわけや。それを6500円で観れたらたいしたもんや。

たまに落ちてもええから飛ばせ。僕は乗らへんけど

――辛坊は、万博の目玉だった空飛ぶクルマが、型式証明が取れずに飛ばなくなったことに難癖をつけて、「たまに落ちてもええから飛ばせ」

坂本　遊園地のジェットコースター、たまに事故して落ちへんと恐怖が味わわれへん、そんな発想やろ。

――「覚悟持って乗れ！」って言ってた。

坂本　韓国のチェジュ航空がバードストライクで着陸に失敗して、炎上した。鳥が当たっただけであんな悲劇になるんやで。空飛ぶクルマが落ちてきたら、大惨事やで。

――万博会場で飛ばすんやから、下には参加者が歩いてる。どっちも殺されてしまう。

坂本　何も考えずに強行開催するのが、この万博の特徴。

――その考えてないヤツらが権力を持ってしまった、大阪は。

坂本　自分は行かへん、乗らへんから。これ、ほぼ戦争と一緒と違うか。

——命令するだけ。赤紙で戦地に行くのは貧乏な農家の子やった。

坂本　盛り上がらへんからって、機運醸成費を29億円も増額した。

——税金でミャクミャクのポスター貼ってる。街はミャクミャクだらけ。

坂本　そんなアホなカネ使うんやったら、輪島の復興機運を醸成してやってくれよ。このカネもらってる広告代理店は悪いこと言わんようになる。ウチもそうやで。タクシー乗ってくれたお客さんの悪いことは言いにくい。

——朝日新聞はカラー広告で見開き2面使ってた。

坂本　全国放送、たとえば「報道ステーション」なんかにCMをポンと入れるだけで何千万やで。それで、地下鉄の駅で切符売ってたおっちゃんたちに大型二種免許を取らせてる。

——実践経験ないままシャトルバスに。

坂本　辛坊治郎に言わせたら「たまに当たらな、オモロない」(笑)。

——橋の上で横転して。

坂本　「覚悟決めて乗れ！」。全員素人が運転するけど、それでも乗るか？と言う話。

――10回に1回くらい事故しますけど9回は安全です。そんなバスになる。

坂本　確かに万博は安い。命の重さに比べたら安い。

――あまりにも危ない万博。夏は50度になるし。

坂本　表面温度70度の大屋根リングで盆踊りやります。1周まわった人に何かあげたいな。

――1周2㎞。よーがんばった、生還おめでとう（笑）。

坂本　真夏に一定のリズムで踊ってなあかん。ちょっとしたSASUKEやで。

――大阪ヘルスケアパビリオンも危ない。血圧やコレステロール測られて、データを協賛企業に提供します、って。

坂本　提供やないで、売ってるんや。

――最後にサプリメントがもらえる。まさか紅麹やないと思うけど。

坂本　紅麹事件でわかったことは、機能性表示食品は厚労省の管轄でも何でもなく、事故が起きようが、何しようが報告義務はなかった。

――健康にいいと騙されて飲んでしまい、腎臓を傷めた人が多数。

坂本 そう、本気になって調べたら被害者が続出。吉村が言うてるライドシェアも「できたら国交省の管轄から外したい」と思ってるやろ。事故が起きようが犯罪が起きようが黙ってていい。報告の義務がないわけ。

万博ビジネスの周辺にうごめく当事者意識のない人たち

――立花孝志が「選挙ビジネス」だとすると、大阪ヘルスケアパビリオンの責任者、森下竜一は「エセ健康ビジネス」やね。

坂本 「大阪ワクチンできるできる詐欺」の人。万博関連の仕事もしてるね。

――議事録が残ってる。当初、万博の候補地は6カ所やった。吹田市の万博記念公園とか豊中市の緑地公園、泉佐野市のりんくうタウンとか。無理やり7カ所目の夢洲をねじ込んだのが松井一郎。このときに委員の森下竜一が「夢洲が一番素晴らしい」とアシストしてる。

坂本 この人は紅麹事件にも絡んでる。松井、橋下の連名で「機能性表示食品を解禁してほしい」「いちいち検査してたら、みんなが健康食品を口にするのが遅れる」と連名で政府に要望した。で、この要望書を受け取ったのが森下竜一。

――いちいち実験してたら、間に合わん。

坂本　実験して時間がかかれば、身体にいい物が多くの人に出回らず、健康被害が出る、と。

――実験してたら、ネズミがコロコロ死んでいたかも。

坂本　13年に安倍総理に宛てて、橋下と松井の連名で。もう、ずっとこの体制。

――何度も強調してるけど、森下竜一は安倍晋三、萩生田光一、加計孝太郎、アッキーたちと一緒にゴルフする仲だった。

坂本　ゴルフして、今日はちょっと汗くさいな、と思ったら「人間洗濯機に入ろ」（笑）。自分で身体洗うの、面倒くさいわ、と。

――「人間洗濯機」を作っているのが株式会社サイエンス。この会社の顧問をしているのが森下。建築家の山本理顕さんが言ってました。「これ、どこに置くの？」。商店街に置いて裸で入るのか？

坂本　たとえば介護施設に置くとする。人手不足なのでおばあちゃんを機械で洗おか、ということやろ。自分の親を機械に漬けられてるとこ見せられて、家族は気持ちいいのか？　万博を強行する維新には当事者意識がない。フジテレビの元アナウンサーで、維新から立候補した長谷川豊が「自業自得の透析患者は死んでしまえ」と言ってたやろ、あれと同じ。

――人間の尊厳。誰しも下の世話してもらうようになるときがくる。でも最後まで自分で、と思うよね。みんなプライドあるんやから。

坂本 万博を推進してきたおじさんたち、頭が50年前で止まってるねん。月の石が今回は火星の石や。

――その火星の石、大阪市立科学館にすでに陳列されてるらしい（笑）。

坂本 火星由来。南極に落ちてきた隕石やろ。

――50年前で止まってる。芸術は爆発だ！　万博も爆発だ！

坂本 隈研吾やったかな、彼の建築物、世界中で木が腐ってるらしい。

――その隈研吾が設計したのが東京オリンピックの国立競技場。

坂本 もうじき木が腐ってきて鉄骨に換えていかなあかんかも。

――大屋根リングはもっと腐る。もうすでに木の色が変わってきてる。大阪ヘルスケアパビリオンが恐ろしいのは、いろんな検査しました、データを取られました。そのデータが協賛企業に売られる。たとえば生命保険会社。「あなたこの時点で糖尿病の予備軍でしたよ。だから保険金はこれだけしかおりません」などと言われかねん。

坂本　タクシー会社にも健康診断がある。そのときに生命保険会社が「○○○のチェックを無料でやりますよ」。やたらと言うてくるねん。

――タダほど怖いものはない。こいつは尿酸値が高いから保険料は……。

坂本　普通に起きてるそんなことが万博で待ち構えているわけ。

――マイナ保険証が危ないのは、今まで健康診断のときに「あなたはタバコを吸いますか？」「いつやめましたか」などのデータがある。今までは健康保険組合しか知らなかった情報が、保険会社に知られてしまい、「自己責任なので減額です」などとされる恐れがある。

坂本　マイナ保険証は大丈夫やで。顔にケガして医者に行って、顔認証できません（笑）。そんな不便な保険証、誰が使うねん。紙の保険証を出すだけでええのに、なんでわざわざマイナ保険証使う必要ある？

――シャレにならん話を聞いた。マイナ保険証で受診して、たまたま本人確認ができなくて、「明日、また来てください」。その人、夜に容体が急変してお亡くなりに。

坂本　命に関わる事例もあるし、普及せえへんのはただ不便になるだけやから。そして次にデマが飛ぶ。「中国人が観光ビザでやって来て、健康保険を使いよる」。そんなわけないのに。

――旅行者は原則、健康保険に入れない。富裕層が実費で払うことになるだけ。アベ、スガ、維新に立花孝志、もうみんなウソばかり。万博で旗色悪くなってから唯一、強気で主張しているのが「万博やったら儲かります」

坂本 なんの経済効果？　大赤字やで。ＵＳＪの周りの企業を引越させて、ＵＳＪを拡大させている方がよっぽど効果が出るよ。この人らの特徴は、平気でウソを言うこと。

――橋下徹から始まって今の立花まで。

坂本 「企業献金は中止させます」。共産党と同じことを言いながら、その帰りにパーティー開ける人たち。

――たくさん買ってるのが大和ハウス。それが万博のプレハブ「タイプX」に化けてる。

（ここで前半は時間となり、後半へ）

ネズミ講的選挙ビジネスを展開する立花孝志

――坂本さん、後半もよろしくお願いします。

坂本　「立花から民主主義を守る党」代表（笑）の坂本です。

――新党作ったんや（笑）。

坂本　ＮＨＫからではなく、立花から民主主義を守らんとあかん。

――立花で言うとね、泉大津市長選挙に出馬したとき、選挙カーが駐車場の壁か何かに当たって、それで立花が「もうええ、行け行け」って、そのまま出ていく動画が残ってる。「選挙カーをぶっ壊す！」（笑）

坂本　民主主義をぶっ壊す！

――「ぶっこわすのうた」ってあるらしい（笑）。選挙ウォッチャーちだいさんに教えてもらってＹｏｕＴｕｂｅ見たら、本当やった。

坂本　麻原彰晃と同じような感じで、歌ってた。ある意味ぶっ壊れてる（笑）。

――兵庫県では選挙がビジネスになってしまった。

坂本　わかりやすいのがアメリカの大統領選挙。２兆円かかるんやで。

――イーロン・マスクが出てきて、毎日、抽選に当たった人に1億５０００万円を配ってたね。

坂本　テレビも接戦を演出して、視聴率稼いで、金儲けに走って。

――現実は相当前からトランプ圧勝がわかっていた。

坂本　実際は大差がついていたけど、おじいちゃんでは接戦にならへんから、若い女性候補を。あれ、テレビが要求したようなもの。

――東京オリンピックと一緒やね、開幕前まではオリンピック反対の人たちのデモなども報道してたけど、始まったら大手メディアは「金メダル！」「感動した！」ばっかり。

坂本　カネさえあればメディアは操れるし、選挙にも勝てる。「この調子やったらイーロン・マスクが次の大統領になるのと違うか」と思ったもん。でもこれでいいのか？　今でも国会が貴族院みたいになってるし。

――立花孝志の話に戻すと、兵庫県知事選挙の政見放送で「元県民局長が10年で10人と不倫している。不同意性交の疑いがある」と言い出して、その後「いや7人や、3人かも」などと、ウソと憶測で名誉毀損。

坂本　亡くなった人にも名誉毀損が適用されることを知らへんのやろな。自称「天才経営者」（笑）。まぁ、ぶっ壊れてるで。

――東京都知事選挙で「選挙ポスター看板ビジネス」をしたけど、あれ、赤字やったらしい。

坂本　大損したらしいな。カネを集めて何かやろうというネズミ講的な人物。

――元県民局長だけではなくご遺族に対しての名誉毀損。ものすごい犯罪やと思う。

坂本　失礼極まりないよ。

――普通に考えたら「こんなん、絶対ウソや」とわかるはずなのに、なぜ有権者が騙されてしまうのか？　加えて、百条委員会の奥谷謙一委員長の自宅に街宣車で乗り付けて、「出てこい」と脅迫した。

坂本　芸風は橋下徹と一緒やな。大阪市長選挙で平松邦夫さんの自宅に行って、騒いどった。

――「ここが自宅です」とマンションの周りをぐるぐると。

坂本　あの頃はまだテレビが中心。今回はネット。奥谷委員長の自宅に行ってる自分を「切り抜き動画」で拡散。まるで勇気ある行動であるかのように。

——ピンポン鳴らして喜んでたよ。

坂本　小学生か。そんな幼稚な行為を「偉業を成した」かのように宣伝してる。

——N党の信者もあかん。立花がピンポンしたら、ワーっと囃し立てて喜んでた。信者たちも犯罪。

坂本　純粋な信者もおると思うけど、自分のビジネスとして「切り抜いてるヤツら」がいる。あれを見て「こいつらは立花ネズミ講の上位にいるんやな」とわかった。億単位のカネを借金という名の投資で集めて、「返せと言われたらいつでも返すよ」と言いながら、次の投資話をでっち上げてまた集めていく。第2、第3のファンドを組んで。

——ネズミ講も親の世代は儲かるからね。孫、ひ孫は負けるけど。

坂本　多分、あの連中は親世代。

——その上にYouTubeってあのような「下半身ネタ」とか「実名暴露」などを流すと結構、回転する。回れば回るほど儲かる仕組み。

坂本　ＹｏｕＴｕｂｅのシステムを理解する必要があるね。30％の収益をアメリカに納めるんやで。それに平気でウソを言って、次に突っ込まれた質問を受けると「いや、７人でした、３人でした」「複数と聞きました。間違ってたらごめんなさい」。これらは選挙が終わってからのコメントやからね。

維新の議員はほとんどみんなミソジニー体質

――選挙中は、斎藤元彦はパワハラしてません。選挙後は「してました」（笑）。

坂本　斎藤本人も百条委員会で、やってました、言うてたやん。

――付箋を投げました。

坂本　愛の鞭なんやろ。

――タコちゃんにね（笑）。

坂本　あのタコ親父も、百条委員会で証言してるのをＹｏｕＴｕｂｅで見た信者たちが「魂の反撃」とか（笑）平気でバンバンアップしてる。たまに斎藤がモノを言えば「ついに真実を語る」って、何を語ったんや。

——弁護士が、第三者委員会が（笑）、しか言うてへんで。その第三者委員会もいつまでかかってるの？　元県民局長の処分は二、三日でやったのに。

坂本　この後、岸和田市長選挙に殴り込むわけや。岸和田市の永野耕平市長、「確かに不倫してました、私の不徳の致すところです」と謝罪した。辞めるのかな、と思ってたら「議会を解散します」

——私も名誉毀損の裁判で勝利和解したことがあるけど、慰謝料で500万円ってべらぼうな金額。本当に不倫だけやったらそんな金額にならないはず。性加害してるから500万円になったと思う。

坂本　中居君の9000万円が出たから500万円が安いようなイメージがついたけどな。

——私の場合は30万円の慰謝料を取ったけど、被告は私を茶化したネタでいろんな媒体に出て稼いでた。こちらはその間テレビに出られなかったし、原稿も載らない。裁判は2年以上かかって、ものすごい損害。でも30万円しか取れてない。

坂本　岸和田では市長夫婦がテレビに出て記者会見。あれ、「動画を切り抜いて」ということやで。

——不倫されてたあの奥さん、何考えてるのかな？

坂本　カネで割り切ったら出てくるよ。

――噂では次の議会か市長選挙に奥さんが出るんと違うか、テレビで顔売ってるのと違うか、と（その後、岸和田市議会議員選挙に出馬して当選）。

坂本　私への不信任は甘んじて受けます。だから議会を解散しますって、どういう理屈？

――不信任決議に賛成の議員が20名。反対が維新の３名。永野市長は「３名の得票が伸びれば、世論は私を支持している」

坂本　変わった理屈を述べる人やね。「民主主義にかかる経費や」って、お前が言うな（笑）。

――議会選挙で７０００万円、市長選挙で４０００万円。１億円以上かかる。素直に辞めたら４０００万円で済む。地元の方々に取材したけど、永野市長の祖父は「岸和田学園」の創始者。児童養護施設や保育園など10カ所以上あるらしい。卒園した人々は成人になってるし、ＰＴＡもある。現地の話では、岸和田学園は給食や園児の衣服などの発注もたくさんあると聞いている。地元では有力企業なので、市長派になる業者もいるやろね。万博やカジノと同じ構図。

坂本　維新的なやり方。首長を取って公金を仲間で分配する政治スタイル。

――離党した永野市長は維新にどっぷり。親父は維新の府議会議員やった。

坂本　規制緩和だ、改革だ、と言いながら二世が多いのも維新の特徴。

――だんじりが万博へ行く。永野市長とだんじりがゴロゴロと夢洲に（笑）。

坂本　どこに未来がある？　だんじり、長いこと置いてたらあかんで、沈みよる。ゴロゴロ動かしとかんと（笑）。

――ガンダムも。

坂本　膝ついてる。立ったら沈むから。

――岸和田市議会選挙が25年2月2日。ほとんどの現職議員が戻ってくるから、次にまた不信任決議が出る。そうなれば今度こそ市長選挙。永野市長、立花、妻が出てきて「3馬力選挙」になるかも。

坂本　でも岸和田の選挙は、マスコミはそれほど取り上げへんと思う。ネット選挙の特性は「この層に動画を見てもらう」ということやから。岸和田市民は狙い撃ちされるやろな。

――ちょうど万博の開幕時期、4月頃に市長選挙になりそう。維新サイドからすれば「永野を失いたくない」と思うはず。

坂本　でも永野は離党処分やろ？

――そう。永野は「もし除名されたら市長を辞める」と。だから吉村は離党処分にとどめた。だから市長を続けることができている。

坂本　吉村はあかん。なんで性加害者を除名できへんのや。

――500万円払ってるんやからね、罪を認めたのと同様。ずっと裁判してたので、吉村、横山、馬場など維新幹部はみんな知ってたはず。

坂本　刑事裁判では「密室の事件」なので立証しにくい。でも民事的には立証される。しかし、裁判にはたくさんのエネルギーと精神力がいる。いろいろ聞かれてセカンドレイプのようなこともあるやろし。

――心が折れるね。被害女性の訴えを読むと、「他にも被害者がいるようだ」と書いてある。この人は氷山の一角かも。

坂本　今どき「同意があった」みたいな、椎木保のような（苦笑）言い訳がまともに通ると思ってるのが間違い。

――椎木保は元維新の国会議員で、中学1年生に性加害を加えていた人物。維新の議員に性加害者が極めて多い。背景にはミソジニー、女性蔑視があるんやろね。

坂本　吉村自身が「僕は子どもが3人なので4票あります」って言ってたやろ。

――ゼロ歳児にも選挙権を（笑）って言ってたときね。

坂本　嫁の分はなし。全部俺の票や、と。維新の議員は法律を知らん、不同意性交をわかってへんね。「同意があった」ってあんたが思ってるだけ。

――裁判の和解文書の中にも「優越的立場があった」と書いてある。つまり同意したわけではない、と。心配なのは、立花が岸和田に来てまたまた名誉毀損をやりそうなこと。被害女性の実名暴露とか、自宅突撃とか。

坂本　兵庫県の場合はお亡くなりになった方で、元公務員だった。岸和田の場合は性被害者やで。手口は決まってる。「被害におうた、って言うてるけど、実はこんな悪いヤツでしたよ」

――だから早く立花をブタ箱に入れるべき。N党信者は「立花ネズミ講」の上位にいるから、ネットで荒らして儲けようとする。ヤツらに何らかの罰則が必要やね。

坂本　「つばさの立花」みたいなヤツら。立花のやり方で儲けられるな、俺もやろうかな、みたいな。でも本当にこれでいいのか？

詐欺師たちが跋扈する異常事態を正せ

――それと選挙期間中に大手メディアがファクトチェックをやらない。

坂本　メディアが黙るのはおかしいよな。隣の国では「大統領を代えよう」と大規模デモが起きてる。やはり一人一人が怒らなあかん。維新も立花も「仲間だけで公金を分けよう」とする。これを見抜いて怒ることやね

――立花は投資話で集めたカネを「政党助成金で返します」と言うてた。問題なのが次の参議院選挙。N党で比例代表の議席を取ったら、10億円くらいでその議席を売る、と。そして危ないのが玉木雄一郎。国民民主党の玉木が立花のところに教えを乞いに行ってる。19年に「YouTubeの使い方」「動画の切り抜き方」について。

坂本　教えを乞いに行ったと言うより、おそらく都議選で石丸伸二についた業者を紹介してもらって、石丸系のYouTubeアカウントの半分を自分の、玉木のものに鞍替えした疑いがあるな。

――「たまきチャンネル」の前身に立花孝志は出演して、2人で仲良く笑って写真も撮ってる。

坂本　能力もないのに、SNSで天才ぶってアップしたら、人々を騙せたんやから。でもこれは世界的な現象。

――許せないのは、国民民主党から東京15区に立候補させようとしていた高橋茉莉さんを、「ラウンジで勤めていた過去がある」「生活保護をもらっていた」と、玉木は立候補を取り下げさせた。このときに立花孝志が高橋さんを誹謗中傷する動画を出して、彼女は自死に追い込まれたとみられている。

坂本 なぜラウンジ勤めしてたら立候補できへんの？　たとえば生稲晃子や今井絵理子。「芸能人が政治の世界に首を突っ込むな」とか言う人いる。でも僕は「職業は別問題」やと思う。その人に志があって、この政策を実行します、と言うんやったらええ。

――その話で言うと、コロナのときに持続化給付金100万円を支給する際に、政府は「風俗産業は除く」と。この国のトップの中にある女性差別意識は根強いと思う。

坂本 「パチンコ屋は悪だ」と、黙って台の前に座っているヤツらが感染源やと言われてたしね。

――自粛警察も出てきた。

坂本 そんな自粛警察をあおってたのが、維新の音喜多駿。「能登に行くな、行くな」と。今は落選してただの人になったけど、「あんなこと言ってすいません。今からでも能登に行って復興支援しましょう」と悔い改めたのかどうか。彼らの特徴は反省しない、法律知らない、そして公金を分け合う。

――山本太郎がいち早く能登に入って、「仮設住宅が足らない」「トイレもない」と国会で質問。国会議員こそ現地に行かないとダメ。

坂本　音喜多駿は家にいて、「あいつ、カレー食いよった！」（苦笑）。その後、動画に「呆れた左翼」と言い出して（笑い）。呆れたヤツや。

――漢字書いて、動画をYouTubeに上げるとき、辞書引かへんのかな？

坂本　体重計に乗るときにパンツ履かへん（笑）のと一緒や。

――映り込んどった（笑）。顔から火が出るほど恥ずかしい、って言ってたで。

坂本　「どんな罰でも受けます」って、何の罰も受けとらへん。

――その後の選挙に負けて、比例復活もできなかった。

坂本　大阪以外は維新惨敗。大阪府民はもっと考えなあかん。

――馬場伸幸前代表は堺市の保育園を乗っ取った疑惑もある。

坂本　ネコババ。彼らの政治姿勢は1～2割の人に向けて公金を分けまっせ、というもの。税金は、本来みんなのものやけど、1～2割を優遇してるから、選挙で投票率が下がれば維新が勝つ。

――維新がまだ大阪で強いのは、万博とカジノの関連業者が票入れてるんやと思う。

坂本　その上に、関連業界から推される候補が自民党ならば、野党は一本化して対決しよか、となるけど、「野党ヅラした維新」やから共闘しにくい。

――維新の正体はアベ・スガ政治。自民党の最も黒い部分なのに。小泉純一郎、アベ、維新が日本の富を売ってしまった。売国奴と言ってもいい。

坂本　郵便局の民営化で、離島のおばあちゃん、困っとるがな。そもそも民営化の前は50円で日本全国に年賀状が届いてたわけで、今は切手も値上げ、土曜日は配達なし。アメリカは今も郵政公社やで。

――そうなの？　民営化を迫ったのはアメリカ。詐欺やんか。

坂本　自由化、自由化でトラックも規制外して。大手だけが残れるのかな、と思っていたけど、今やヤマト運輸でもしんどい。

――昔から繁盛していた商店街の横に、大きなダイエーがやって来た。商店街は潰れて大手スーパーの一人勝ちやと思ってたけど、今やそのダイエーも潰れた。自由化されてみんな不幸になった。

坂本　過疎化が一層進む。電車もバスもなくなって、タクシーも。じゃぁ白タク、ライドシェア。これが無理やり規制緩和を進めたこの国の実態。

――最後に立花問題に戻ります。立花孝志と同様に許せないのは、高橋洋一、須田慎一郎、ホリエモン、中田敦彦たち。彼らのＹｏｕＴｕｂｅがとにかく拡散してる。

坂本　この人たちは、多数のチェンネル登録者を持っている。兵庫県知事選挙でも立花のウソをそのまま垂れ流してた。カネのにおいがするな。

――後ろにいるのが何とかクリニック、イエスタカス（笑）とか、ＤＨＣとか。

坂本　ツボかもしれん。信者から盗んだカネやから、景気よく払える。

――選挙期間中に迎えた誕生日、「斎藤さん、生まれてくれてありがとう」キャンペーンをやってた。

坂本　マザームーンっぽいな。こんなことを繰り返して民意を歪めるのが罪深いし、今回は人権問題でもある。

――犯罪だと思う。奥谷委員長宅への襲撃は、脅迫罪に当たるはず。祖母が避難して、目に涙を浮かべていた、と。

坂本　元県民局長への人権侵害も。斎藤知事と牛タン倶楽部は内部通報者を守らず、犯人探しをして処分した。パソコンを押収すること自体も犯罪的行為。兵庫県には法律がないんや。

——何とかしてこの異常事態を元に戻さないとダメ。坂本さん、今日もありがとうございました。

坂本　はい、ありがとうございました。

おわりに

インターネット技術の発展は、人々の消費行動を変化させ、モノの所有よりもコトの体験を重視する傾向を高めました。この変化は、消費者が単に商品やサービスを購入するだけでなく、その瞬間や場ならではの特別な体験を求めるようになったことを意味します。

たとえば、ハロウィンのイベントやクラウドファンディングは、このような消費者の欲求を満たす新たな消費形態として注目されており、博報堂生活総合研究所はこれを「トキ消費」と名付けました。

博覧会協会は、大阪・関西万博は「トキ消費」を具現化したイベントで、時流にピッタリだと考えたのではないでしょうか。「トキ消費」には、「非再現性」「参加性」「貢献性」の3つの特徴があります。

大阪・関西万博は、「いのち輝く未来社会のデザイン」というテーマのもと、夢洲という特別な場所で期間限定で開催されるため、二度とない貴重な体験を提供します（＝非再現性）。

大阪・関西万博は、さまざまなパビリオンでの体験や地域コミュニティとの交流を通じて、来場者は単なる観客ではなく、イベントの創造者の一員となることができます。たとえば、協会が募集している「一般参加催事」では、地域の魅力を発信したり、社会課題解決に向けたアイデアを共有したりする機会が提供されます（＝参加性）。

大阪・関西万博では、最新技術や文化の展示を通じて、社会全体の課題解決に貢献することを目指しています。来場者は、このイベントを通じて、未来社会への貢献を実感することができます（＝貢献性）。

大阪・関西万博では、『ＬＯＣＡＬ ＪＡＰＡＮ展』のように、地域の魅力を発信する催しが多数予定されています。しかし、このような多様な催事を開催する目的が、本当に地域の活性化や文化の発信にあるのか疑問です。例えば、『ＬＯＣＡＬ ＪＡＰＡＮ展』は、地域の多様性をアピールする良い機会ですが、その一方で、博報堂などのマーケティング会社の分析結果を実証するためのツールとして利用されている可能性も否定できません。


協会は、万博が新たなイノベーションを生み出すと期待していますが、過去の万博の事例をみると、必ずしもすべての万博が新たな技術を生み出したわけではありません。また、経済効果についても、必ずしも地域経済全体に波及するとは限らず、特定の企業や業界に恩恵が集中することも考えられます。特に、ライフサイエンス分野においては、世界的な医薬品メーカーとの競争に勝つためには、より長期的な視点での研究開発投資や人材育成が不可欠であり、短期的なイベントである万博だけでは十分ではない可能性があります。

道修町に象徴されるように、大阪には医薬品産業が集積していると、一般に、考えられていることから、大阪・関西万博のテーマに「いのち輝く」とのフレーズが加えられ、「大阪ヘルスケアパビリオン」では、来場者から収集した血管や肌、髪、脳など7項目の健康データをもとに、25年後の自分の姿をアバター（分身）として見るコンテンツが登場します。

この大阪ヘルスケアパビリオンをプロデュースしたのは森下竜一。彼は、健康食品の機能性表示の規制緩和を規制改革会議の委員として推進してきた人物です。彼のいまひとつの「業績」は、「大阪ワクチンを生み出す」として、製薬会社のアンジェスの株価操作にかかわっただけでなく、ワクチン開発に失敗し、「93億円もの国からの補助金を得たにもかかわらず、未使用分の12億円を国に返還」したことがあります。

本書は、博覧会協会のアナウンスメントや、大阪・関西万博にかかわる報道を通じて、地域住民をはじめ国民のみなさんが思い描いてきたイメージを、振り返ってもらおうとの思いから編集されました。夢洲はあのような巨大な建造物を建てることを前提として、造成されていないし、だからこそ、夢洲は当初の候補地から除かれていたのです。「松井一郎知事の思い」を唯一の根拠として候補地となったのが、夢洲なのです。

大阪・関西万博の象徴的な大屋根ですが、実は当初の計画には存在していませんでした。２０２０年に突如、この大屋根の建設が決まり、総工費が大幅に増額されたのです。

この大屋根の建設費は、約３４４億円とされています。しかし、大屋根の主要な材料である集成材の相場を調べてみると、最大限に高額で計算しても、大屋根の建設費は200〜250億円程度で収まることがわかります。なぜ、これほどの差が生じたのでしょうか。

その背景には、建設業界の事情があります。万博の建設工事は、規模が大きく、長期にわたるため、建設会社にとっては大きな仕事です。しかし、利益率が低いことから、多くの建設会社は積極的な参加を避けていました。そこで、確実に収益を上げられる大屋根の建設に、高額な予算を計上することで、建設会社を工事に参加させようとしたのではないか、という疑いが生まれます。

つまり、大屋根の建設は、当初から計画されていたものではなく、建設費を増額し、特定の業者に利益をもたらすための手段として利用された可能性があるのです。

設計にあたって協会は「業務委託特記仕様書」を提示しました。その際、「夢洲地区のボーリング・データ（2021年1月）」を参考資料としています。ボーリング・データから、大屋根建設の予定地だと思われる「№25」の土質柱状図を解読すると、この場所の土質は水を多く含む（したがって、沈下しやすい）粘土層で、地盤の安定性を示すN値は非常に低い値を示しています。

大阪湾の地層は厚さ1000メートル以上の泥層からなりたっており、水深20メートルの海面を含水量49％という有機汚泥で埋め立てていますから、極めて軟弱な地盤です。土壌改良工事に使った重機も、巨大なフロートをつけないと自らの重みで泥のなかに沈み込み、使い物になりません。

そんなところですから、安定地盤に杭を打設する工法を採用せずに、浮体工法（フローティング基礎工法）が採用されました。だれも建造したことのない「世界最大級の木造建築物」を浮体工法で建造した事例はないし、そもそもの大阪湾の海底地層が「洪積層が沈下する世界でも稀な地層」（赤井京土会会長＝当時）であることをふまえて、この工法の有効性を協会は明らかにしていません。

この事案が象徴的なのですが、夢洲という極めて特殊な会場での巨大集客イベント開催が適切なのか。国際的で巨大な専門的見本市がドイツや中国で、毎年のように開催されているもとで、1兆円を超える巨費を投じる博覧会開催が適切なのが。「情報公開の義務なし」と開き直る博覧会協会でよいのか。とるべき政策を比較し、判断の一助とする「経済波及効果」論が、あたかも無から有を生むがごとき錬金術として宣伝されてよいのか。本書を通じてみなさんに判断していただき、危険な万博をしっかりと総括することが重要です。おそらくこのまま万博は強行開催されます。終わったからと曖昧にするのではなく、責任者追及の運動を巻き起こすため、本書をご利用いただければ幸いです。

2025年1月

桜田照雄

【著者紹介】

西谷 文和（にしたに ふみかず）

1960年京都市生まれ。大阪市立大学経済学部卒業後、吹田市役所勤務を経て、現在フリージャーナリスト、イラクの子どもを救う会代表。2006年度「平和・協同ジャーナリスト大賞」受賞。各局テレビに出演し、戦争の悲惨さを伝えている。西谷文和「路上のラジオ」を主宰。主著に『イスラエル、ウクライナ、アフガン戦地ルポ』（かもがわ出版）、『万博崩壊』、『打倒維新へ。あきらめへん大阪！』（以上、せせらぎ出版）、『聞くだけの総理 言うだけの知事』、『ウクライナとアフガニスタン』、『自公の罪維新の毒』、『ポンコツ総理スガーリンの正体』（以上、日本機関紙出版センター）など多数。

桜田 照雄（さくらだ てるお）

1958年大阪市生まれ。大阪市立大学、京都大学大学院経済学研究科、日本学術振興会特別研究員を経て、阪南大学教授。博士（経済学，京都大学）。
日米の銀行会計・銀行監査研究をベースに、スポーツ・マネジメントやエンターテイメント・ビジネスの研究に従事している。『銀行ディスクロージャー』（法律文化社）『取り戻した9億円―相互信金出資金返還訴訟の記録』（文理閣）のほか、カジノ経営に関する論文多数。

行ってはいけない、大阪危険万博

2025年 3 月 1 日 初版第1刷発行

著　者　西谷文和
発行者　岩本恵三
発行所　株式会社せせらぎ出版
コミュニティ・パブリッシング事業部
〒530-0043 大阪市北区天満 1-6-8 六甲天満ビル 10 階
TEL 06-6357-6916 FAX 06-6357-9279

印刷・製本所　モリモト印刷株式会社

ISBN978-4-88416-318-1